made in **Südwest**

Spitzenleistungen aus Baden-Württemberg

GREEN TECH

made in Südwest

Spitzenleistungen aus Baden-Württemberg

belser

SWR FERNSEHEN

Bildnachweis

Umschlagabbildungen
Vorderseite oben (v.l.n.r.): Steiff-Werkstatt © Margarete Steiff GmbH, Fotograf: Nadja Hannaske; Produkttest Stihl-Säge © ANDREAS STIHL AG & Co. KG, Fotograf: Dominik Obertreis; unten: Deutscher Pavillon auf der EXPO 2015 in Mailand © SCHMIDHUBER / Milla & Partner / NÜSSLI
Rückseite oben (v.l.n.r.): Calendulaernte © Weleda AG, Fotograf: Fotostudio VISCOM, Matthias Schenk; Ventilator im Kombimesskanal © ebm-papst | Foto: Volker Schrank; Schwertransport Scheuerle © Scheuerle Fahrzeugfabrik GmbH
Abbildung S. 2 (Frontispiz): Ventilator im Kombimesskanal © ebm-papst | Foto: Volker Schrank

Bildarchive / Fotografen
© andreanudingfotografie, stuttgart, 51; © ANDREAS STIHL AG & Co. KG, 96 u., 98 li. und re., 98 re., 99 re.; © ANDREAS STIHL AG & Co. KG, Fotograf: Gottfried Stoppel, 99 li.; © Auto- und Technikmuseum Sinsheim, 85; © BRAXART FOTOGRAFIE, 33 o. li., mi. li.; © Charles Hodge Photographie, 81; © Dietmar Gauß, 50 li.; © ebm-papst | Foto: Volker Schrank, 9 o. re., u.; © ebm-papst, 9 o. li., 12; © Erwin Hymer Group AG & Co. KG, 39 u.; © Erwin Hymer Group AG & Co. KG, Fotograf: Rolf Nachbar, 42 mi. re., 44 o. li.; © Erwin Hymer Museum, 45 o., u. li.; © Europa-Park GmbH & Co. Mack KG | Foto: Mende, 17 o.; © Europa-Park GmbH & Co. Mack KG, 17 u., 19 re., 20–22; © Freilichtmuseum Beuren, 53; © FUCHS PETROLUB SE, 25 u., 27 u., 28; © gota-waesche.de, 61 re., 62, 63, 64 li.; © Hansgrohe Aquademie, 37 o., u. re.; © Hansgrohe SE, 33 o. re., u. li. und re., 34, 36; © Hasselblad H4D, 44 o. re.; © JaKo Baudenkmalpflege, 47, 48 o., 49 re., 52; © Karl Huber Fotodesign, 37 u. li.; © KARL STORZ GmbH & Co. KG, 100–105; © KBC Fashion GmbH & Co. KG, 54–58; © KD BUSCH.com 13 li.; © KD BUSCH.com, 97; © Klaus-Dieter Keller, 93 o. li.; © Margarete Steiff GmbH, 87, 88, 90 o. li., 91 li., 93 o. re., u.; © Margarete Steiff GmbH, Fotograf: Nadja Hannaske, 89, 90 o. re., 91 re.; © Maschenmuseum, 65 o., u. re.; © Michael Roeck, 65 u. li.; © Milla & Partner / Foto Andreas Keller 69; © Milla & Partner / SCHMIDHUBER / NÜSSLI, 67 u., 68 re.; © Milla & Partner / SCHMIDHUBER, 66; © Milla & Partner, 67 o., 70, 71; © Pixomondo, 74–79; © Scheuerle Fahrzeugfabrik GmbH, 80 li., 82–84; © SCHMIDHUBER / Milla & Partner / NÜSSLI, 68 li.; © Spedition Kübler GmbH, 79, 80 re.; © Stoffdruckmuseum Mulhouse, 59; © SWR, 10, 11, 13 re., 14–16, 18, 19 li., 23, 25 o., 26, 27 o., 30, 39 o., 40–42, 45 u. re., 46, 48 u., 50 re., 60, 61 li., 64 mi. und re., 72, 73, 78, 86, 90 u., 92 li., 94, 95, 96 o., 98 mi., 106, 108 mi. re., u. li., 114 o. re., mi. re., 115, 116 u. li., 117 o., u. re., 118 u., 120, 121 u., 122 o., 123 re., 125 o. li.; © Technoseum Mannheim, Fotograf: Klaus Luginsland, 31; © Testo AG, 107, 108 o. li. und re., u. re., 109; © Testo AG, Fotograf: Alina Riggio, 111; © Testo AG, Fotograf: Miguel Babo, 110; © Weleda AG, 113, 114 mi. li., u. re., 116 o., u. re., 117 u. li., © Weleda AG, Fotograf: Bernd Jonkmanns, 112, 119 o.; © Weleda AG, Fotograf: David Voelkel, 114 o. li.; © Weleda AG, Fotograf: Laurent Vonach, 119 u.; © Weleda AG, Marek Vogel Fotografie, 118 o.; © www.unvollkommenschoen.de, 49 li.; © Zeppelin Museum, Foto: Michael Fischer, 127 o.; © Zeppelin Museum, Foto: Myrzik, 127 u.; © ZF Friedrichshafen AG, 121 o., 122 u., 123 li., 124, 125 o. re., u., 126

Die übrigen Abbildungen stammen aus den Archiven des Verlags und des Autors.

Der Verlag hat sich um die Beachtung der gesetzlichen Vorschriften bezüglich des Copyrights bemüht. Wer darüber hinaus noch annimmt, Ansprüche geltend machen zu können, wird gebeten, sich an den Verlag zu wenden.

Bibliografische Information der Deutschen Nationalbibliothek
Die Deutsche Nationalbibliothek verzeichnet diese Publikation in der Deutschen Nationalbibliografie; detaillierte bibliografische Daten sind im Internet über http://www.dnb.d-nb.de abrufbar.

Lizenziert durch SWR Media Services GmbH

Projektleitung und Redaktion: Dirk Zimmermann
Bildrecherche: Linda Weidenbach
Gestaltung und Produktion:
Verlagsbüro Wais & Partner, Stuttgart
Druck und Binden: Print Consult, München

www.belser.de

ISBN 978-3-7630-2720-0

FSC MIX Papier aus verantwortungsvollen Quellen FSC® C084279

Inhalt

Spitzenleistungen im Südwesten

Was die Dichte an Weltmarktführern anbelangt, ist Baden-Württemberg Spitzenreiter. Und Spitzenleistungen gibt es im ganzen Südwesten zuhauf. Begibt man sich einmal auf Erkundungstour, kann man nur staunen, was im Land alles erforscht und produziert wird. Und hinter jedem Unternehmen stecken Macher mit Ideen und Tatkraft, aber auch Menschen mit ihren Hoffnungen und manchmal auch Niederlagen. Oft hat sich aus einem Ein-Mann-Betrieb innerhalb von ein oder zwei Generationen ein Weltkonzern entwickelt. Beim Schmierstoffkonzern Fuchs Petrolub in Mannheim oder bei dem Medizintechnikspezialisten Karl Storz in Tuttlingen etwa haben jeweils ein junges Paar voll Vertrauen in die Zukunft in schwierigen Zeiten ganz klein angefangen. Mit unternehmerischem Geschick und dem richtigen Produkt zur richtigen Zeit werden beide zu international gefragten Herstellern. Viele Weltmarktführer strahlen auf die umliegende Region ab – mit Arbeitsplätzen, aber auch mit Infrastruktur. Um gefragte Fachkräfte in Firmensitze fernab der Metropolen zu bekommen, bedarf es manchmal besonderer Anreize. Der Ventilatoren- und Motorenhersteller ebm-papst in Mulfingen engagiert sich nicht zuletzt deshalb für die Schule und das Wirtshaus im Dorf und testet individuelle Arbeitszeitmodelle. Bei allen Firmengründern fällt die Mischung aus technischem Wissen, Fantasie und Leidenschaft auf und in der Vor- und frühen Nachkriegszeit auch die Sparsamkeit. In harten Zeiten wird jeder Pfennig mehrfach umgedreht, bevor er ausgegeben wird.

Der Südwesten zeigt Spitzenleistungen in ganz unterschiedlichen Bereichen, und alle Betriebe sind weltweit vernetzt und global unterwegs. Die Spannbreite ist enorm: Sie reicht von den Steiff-Tieren über Stoffdrucke von KBC bis hin zu Antriebstechnik von ZF Friedrichshafen. Fast alles wird im Land produziert, von weichen Stoffen bis hin zu schweren Maschinen. Sei es in Hohenlohe die Firma Scheuerle, die gigantische Schwersttransporter baut, oder die Spedition Kübler, die selbst Schiffe, Eisenbahnen oder Flugzeuge auf spektakuläre Weise an ihren Bestimmungsort bringt, oder der Motorsägenspezialist Stihl in Waiblingen, der auch auf internationalen Wettkämpfen die Säge als Sportgerät einsetzt. In Lenzkirch im Schwarzwald lebt der Messgerätehersteller Testo vom

Dank an die Filmautoren: Thomas Eberding, Nicola Haenchen, Claus Hanischdörfer, Ina Held, Christine Kaufmann, Willy Meyer, Hanspeter Michel,Christopher Paul, Katharina Prokopy, Eberhard Reuß, Tamara Spitzing, Lothar Zimmermann

Bestreben, immer mehr und immer genauer zu messen. In Schwäbisch Gmünd setzt Weleda mit ihrer Naturkosmetik seit jeher auf die Kraft der Pflanzen. Auch in den Bereichen Wellness und Freizeit spielt Baden-Württemberg ganz vorne mit, bei Badausstattungen von Hansgrohe in Schiltach, mit Hymer-Wohnmobilen aus Bad Waldsee oder dem Europa-Park in Rust. Ein Erfolgsfaktor ist auch die Mischung von modernem Wissen und Marketing gepaart mit der Wiederentdeckung alter Techniken wie bei der Baudenkmalpflege JaKo in Rot an der Rot oder mit dem Label „Merz beim Schwanen" die Renaissance eines Arbeiterunterhemdes mit seiner textilen Qualität in Albstadt. In jüngerer Zeit ist auch Stuttgart eine international gefragte Adresse für Kreativfirmen – wie Oscar-Preisträger Pixomondo oder die Agentur Milla & Partner. Und manchmal ergeben sich aus traditionellen Wurzeln und moderner Kreativität ganz erstaunliche Partnerschaften, etwa wenn die Franziskaner-Nonnen des oberschwäbischen Klosters Bonlanden den Expo-Spezialisten Milla beauftragen, ihre barocke Krippenausstellung in lebendige Erzählungen umzusetzen.

Seit dem Frühjahr 2014 stellt der SWR diese Spitzenleistungen im Südwesten in einer eigenen wöchentlichen Fernsehreihe vor. Das mutige Vorhaben, Wirtschaftsthemen und Firmengeschichten jeweils mittwochs um 18.15 Uhr zur besten Sendezeit auszustrahlen, erwies sich selbst als Erfolgsgeschichte. Und angesichts der Fülle an Spitzenleistungen gehen auch die Themen und Geschichten, die noch erzählt werden wollen, lange nicht aus. Der Stoff, aus dem die Spitzenleistungen sind, scheint unendlich. Deshalb gibt es jetzt auch einen zweiten Begleitband zur Fernsehreihe „made in Südwest", mit neuen Geschichten zu weiteren Firmen. Das Buch fußt in weiten Teilen auf den Fernsehfilmen und erzählt von Spitzenleistungen in Wirtschaft und Wissenschaft im Südwesten und von der erfolgreichen Verknüpfung von Fantasie und Wissen.

Felicitas Wehnert,
SWR Fernsehen

im März 2016

Der Ventilatoren- und Motorenbauer ebm-papst aus Mulfingen

Prima Klima

Prima Klima und dicke Luft? Von Mulfingen aus die Weltmärkte erobern? Der Ventilatoren- und Motorenbauer ebm-papst vereinigt scheinbar Gegensätzliches. Derzeit lebt die Firma bestens von der schlechten Luft in Chinas Metropolen. Die Ventilatoren für chinesische Luftreiniger beflügeln die Umsatzstatistik des Weltmarktführers aus Hohenlohe. Und erst kürzlich bescheinigte ein bundesweites Ranking ebm-papst, einer der attraktivsten Arbeitgeber Deutschlands mit hervorragendem Betriebsklima zu sein.

Im Firmennamen verbirgt sich der Stammsitz: ebm steht für Elektrobau Mulfingen, ein kleiner Ort im Jagsttal, der nicht gerade im Blickfeld der Zentren steht. Und auch die Produkte sind eher unsichtbar. Sie sind überall dort eingebaut, wo Luft intelligent bewegt werden muss – zum Kühlen, Lüften oder Wärmen. In Backöfen, Heizungsanlagen, Rechenzentren oder Supermärkten. Rund 15 000 unterschiedliche Produkte und maßgeschneiderte Lösungen hat ebm-papst etwa derzeit in den Bereichen Klimatechnik, Maschinenbau, Heiztechnik, Hausgeräte und Fahrzeuge aller Art im Portfolio.

Von Mulfingen aus die Weltmärkte erobert

Im Showroom sind Ventilatoren in allen Größen aufgebaut. Voller Stolz zeigt Firmengründer Gerhard Sturm dort einen der ersten Motoren, den sogenannten 68er, „den haben wir 160 Millionen Mal verkauft und verkaufen immer noch jährlich 4 Millionen von diesem Kernprodukt". Sein Lebenslauf ist typisch für die Kriegs- und Nachkriegsgeneration. 1934 in Künzelsau geboren ging er mit Reinhold Würth und Albert Berner, später ebenfalls erfolgreiche Unternehmer, in eine Klasse. Mit 14 Jahren Maschinenbaulehre in Esslingen, später Meisterschule neben der Arbeit bei der Firma Ziehl-Abegg, betriebsinterner Aufstieg zum technischen Leiter und schließlich die Selbstständigkeit. 1963

ebmpapst

nvenuda
Welcome
die beeindrucken. Programmes that are impressive.
2010
2003
2007

Firmengründer Gerhard Sturm im Showroom

gründet Gerhard Sturm zusammen mit seinem Mentor Heinz Ziehl die Firma in Mulfingen – mit 28 Jahren. Auch er vereinigt Merkmale in sich, die viele Gründer jener Zeit haben: nüchterner Weitblick, feste Verankerung im Glauben, in der Familie, in der Region und ein Schuss Idealismus und Wagemut.

Da im Kochertal die Arbeitskräfte durch die aufstrebende Industrie knapp sind, weicht er aus an den Geburtsort seiner Mutter – nach Mulfingen. Dort ist man anfangs überhaupt nicht begeistert, befürchtet, dass Gerhard Sturm die Bauern vom Acker in die Fabrik lockt. „Die Vorgabe war damals, nicht mehr als 80 Mitarbeiter, um nicht zu viele Kräfte aus der Landwirtschaft abzuziehen", erinnert er sich an die einstigen Auflagen. „Jahre später war jeder froh, dass wir mehr als 80 beschäftigt haben." Durch den Strukturwandel wird die Landwirtschaft vom Haupt- zum Nebenerwerb. Die Bauern können von den Höfen nicht mehr leben.

Gerhard Sturm sieht sich immer als Unternehmer vor Ort, auch als die Firma wächst und internationale Dimensionen erreicht. Lange Jahre ist er im Gemeinderat und im Kreistag. Und einen Termin verteidigt er gegen alle anderen Verpflichtungen: den Donnerstagabend mit dem Gesangsverein.

Die Verwurzelung in der Region ist auch Sohn Ralf Sturm wichtig. Zehn Jahre war er in der großen, weiten Welt unterwegs. Den Hohenloher Zungenschlag hat er beibehalten: „Durch die Verwurzelung im Hohenlohischen war mir immer klar, meinen Wohnsitz und meine Familie hier zu gründen. Man ist nicht anonym. Man hat viele Freunde, Bekannte, Netzwerke. Uns mangelt es hier an nichts."

Und wie schafft er es, als Personalleiter der Firma qualifizierte Fachkräfte in die abgelegene Region zu bekommen? Immerhin hat ebm-papst am Hauptsitz doppelt so viele Arbeitsplätze wie die Ortschaft Mulfingen Einwohner. Durch Engagement für die Infrastruktur vor Ort, erklärt er, wie sein Vater auch. Als die Hauptschule in Mulfingen geschlossen werden soll, sorgen er und sein Vater dafür, dass eine freie Gemeinschaftsschule im Ort entsteht. Sponsoring für Vereine, Sportveranstaltungen, Unterstützung der „Technik Initiative Künzelsau" und der dortigen Hochschule sind weitere Bausteine. 80 Prozent der Arbeitskräfte stammen aus der Region. Die meisten kommen aus dem Umkreis von 50 Kilometern. ebm-papst hat frühzeitig schon mit eigenen Buslinien Richtung Künzelsau, Crailsheim und Bad Mergentheim dafür gesorgt, dass die Mitarbeiter gut den Betrieb ohne Auto erreichen können. Die enge gegenseitige Bindung zahlt sich für alle aus. „Wir haben Mitarbeiter, da gehen

Firmeninfo

ebm-papst-Gruppe

Weltweiter Innovationsführer bei Ventilatoren und Motoren mit über 15 000 unterschiedlichen Produkten und maßgeschneiderten Lösungen.

Firmensitz: Mulfingen, mit 18 Produktionsstätten u. a. in Deutschland, USA und China

Firmengründung: 1963

Managementgeführtes Familienunternehmen in 2. Generation

Mitarbeiter: 12 000 weltweit, davon rund 3000 in Mulfingen

Jahresumsatz: rund 1,5 Mrd. €

Bereits über eine Million Euro eingespart: Lehrlinge als Energie-Scouts

jetzt bereits die Kinder oder sogar Enkel in die Ausbildung", ist Ralf Sturm stolz. Die Vereinbarkeit von Familie und Beruf ist ihm wichtig. Deshalb hat er auch ein flexibles Arbeitszeitmodell aufgelegt, das sich statt an der Anwesenheit am Ergebnis orientiert.

Für Olga Wejt gab das den Ausschlag, nach ihrem Mathematikstudium in Stuttgart in ihre Heimatregion zurückzukehren und bei ebm-papst in den IT-Bereich einzusteigen. „Natürlich gibt es im Alltag viele ungeplante Situationen mit Kindern. Da ist es beruhigend, dass ich spontan auf Ungeplantes reagieren kann. Ich kann morgens anrufen und sagen, ich komme heute später." Wenn die Produktionssoftware Schwierigkeiten macht, kann sie sich von zuhause aus aufschalten.

80 Prozent der Mitarbeiter kommen aus der Region

Noch eine Neuerung hat ebm-papst eingeführt, die inzwischen von anderen Firmen übernommen wird: Energiescouts. Das sind Lehrlinge, die für eine begrenzte Zeit sich im Betrieb – ausgerüstet mit Wärmebildkamera und Leckagemessgeräten – auf die Suche nach Energielecks und Verschwendung machen. Eva-Maria Wolfart, Kauffrau für Bürokommunikation im zweiten Lehrjahr, stellt selbstbewusst fest: „Seit 2010, seit das Projekt läuft, haben wir über eine Million Euro

eingespart." Dieses Jahr durfte sie mit zwei anderen Lehrlingen in die USA. Sie staunten nicht schlecht über den dortigen Umgang mit Energie: „Allein dieses Riesenauto, als wir vom Flughafen abgeholt wurden."

1992 übernimmt ebm seinen größten Konkurrenten, die Firma Papst mit Sitz in St. Georgen im Schwarzwald. Sie baut ebenfalls Lüfter und Elektromotoren etwa für die Schallplatten- und später für die Computerindustrie. ebm erweitert den Firmennamen um den Zusatz „papst" und seither ziehen die Standorte produktionstechnisch an einem Strang, jeder mit eigenen Schwerpunkten.

Seniorchef Gerhard Sturm hat immer noch sein eigenes Büro. Jeden Dienstag kommt er zur Technikrunde. Energiesparen ist ihm ein wichtiges Thema. Schon früh setzte er sich dafür ein, dass jedes neue Produkt seinen Vorgänger ökologisch und ökonomisch übertreffen muss.

70 Prozent des Umsatzes wird mittlerweile mit energieeffizienten Produkten erzielt. „Wir werden in den nächsten Jahren noch einiges finden, was den Wirkungsgrad erhöht", ist er überzeugt. Einer seiner Lieblingsorte ist die Forschungsabteilung. Rund 300 Ingenieure sind in Mulfingen in Forschung und Entwicklung tätig und 40 Prozent des Umsatzes werden mit Produkten gemacht, die jünger als vier Jahre sind. Für Rainer Hundsdörfer, Vorsitzender der Geschäftsführung, sind auch Innovationen der beste Schutz vor Plagiaten. Viele Produkte werden nach längstens zwei bis vier Jahren kopiert, ist die Erfahrung, vor allem aus China. Rund 100–150 Millionen Euro an Umsatz gehen pro Jahr durch Plagiate verloren, schätzt Pressechef Hauke Hannig. „Da hilft nur, mit Neuentwicklungen schneller sein." Da aber 17 Prozent des Umsatzes in China gemacht werden, beschäftigt ebm-papst im chinesi-

Familienfreundliche Arbeitszeiten: Vorstand der Geschäftsführung Rainer Hundsdörfer und IT-Mitarbeiterin Olga Wejt

schen Werk auch bereits mehr als 30 Ingenieure von dort. „Wir brauchen chinesische Ingenieure“, ist Gerhard Sturm überzeugt, „weil die die Kunden dort verstehen und entwickeln, was dort gebraucht wird.“

Vater und Sohn in einem Betrieb – wie geht das? „Gut“, meint der Sohn, „ich habe eine ganz enge Beziehung zu ihm.“ Ralf Sturm geht fast täglich zu seinen Eltern zum Mittagessen, „da diskutieren wir natürlich Themen aus dem Betrieb“. Und umgekehrt? „Den Geist im Unternehmen, das Klima im Betrieb, das kann nur er in meiner Nachfolge richtig einschätzen“, bescheinigt Senior Gerhard Sturm seinem Sohn. „Er denkt bodenständig und vorwärtsgerichtet, was mir auch wichtig ist.“

Seit einiger Zeit betreibt Gerhard Sturm neben seiner Firma noch ein anderes Projekt, das ihm am Herzen liegt: die Jagstmühle, eine Dorfwirtschaft, die er kurzerhand kaufte, als die Schließung drohte. Der Ort birgt Erinnerungen. Sohn und Tochter haben dort geheiratet. Er rettet die idyllisch gelegene Mühlenanlage, baut sie zum gepflegten Landhotel um, weil er überzeugt ist, dass jeder Ort auch ein „Wirtshaus“ als Zentrum braucht. Vielleicht hat er sich auch von seinem Altersgenossen Reinhold Würth inspirieren lassen, dem mittlerweile ebenfalls mehrere Gasthäuser und Hotels gehören, nicht zuletzt eines in Mulfingen. Und schließlich treffen sich die drei Künzelsauer Klassenkameraden Reinhold Würth, Albert Berner und Gerhard Sturm, die es alle zu Weltunternehmen gebracht haben, regelmäßig zum Stammtisch: „früher alle fünf Jahre, aber seit einiger Zeit dann doch alle zwei Jahre.“

Ein Familienbetrieb: Sohn Ralf und Seniorchef Gerhard Sturm (rechts) arbeiten eng zusammen

Tipp

Landgasthof Jagstmühle

Es ist das Herzensprojekt des Seniorchefs: die Jagstmühle. Sie liegt zwischen Langenburg und Mulfingen an einem der schönsten Streckenabschnitte der Jagst. An dem ursprünglich belassenen Fluss haben sich mittlerweile auch Biber niedergelassen. Daneben kann man Reiher und Eisvögel beobachten. Die Jagst trieb früher das Mühlrad der ehemaligen Kornmühle an. Danach war das Mühlenanwesen lange Jahre Dorfwirtschaft. Als sie drohte, geschlossen zu werden, sprang ebm-papst Seniorchef Gerhard Sturm ein und ließ sie behutsam zum gepflegten Landgasthof ausbauen. Küchenchef Markus Reinauer, unterstützt von Hubert Retzbach, legt Wert auf Lieferanten aus der Umgebung für seine regionale Küche. Dazu bieten die 21 Doppelzimmer plus vier Doppelzimmer und eine Ferienwohnung in der direkt am Fluss gelegenen Jagsthütte Übernachtungsmöglichkeiten.

Landgasthof Jagstmühle
Jagstmühlenweg 10
74673 Heimhausen
Tel.: 07938/90300
www.jagstmuehle.de

Der Europa-Park in Rust

Ein Leben fürs Vergnügen

Stille Momente: Parkchef Roland Mack im Naturschutzgebiet Taubergießen

Der Kontrast könnte größer kaum sein: Auf der einen Seite das stille Naturschutzgebiet Taubergießen, auf der anderen Seite der quirlige Europa-Park. Rust steht für beides. Der Name der kleinen Gemeinde zwischen Vogesen und Schwarzwald ist erst durch den Freizeitpark bundesweit bekannt geworden.

Hinter dessen Eingangsportal erschließt sich eine ganz eigene Welt: ein Riesengelände mit hölzerner Achterbahn, Wildwasseranlage, Seen, auf denen Mississippi-Dampfer fahren. Artisten, Künstler und überlebensgroße Mausfiguren laden zum gemeinsamen Selfie ein. Dazu Europa ganz nah beieinander: ein französischer Platz mit einem Bistro, eine italienische Piazza mit Pizzeria, eine englische Hauszeile mit Pub, holländische, spanische, Schweizer und skandinavische Gassen mit dem entsprechenden kulinarischen Angebot. Mit über 5 Millionen Besuchern in der Saison 2014 und über 100 Attraktionen und Shows auf 95 ha Fläche ist in Rust der größte Freizeitpark Deutschlands und der größte saisonale Erlebnispark der Welt zu Hause. Dazu fünf parkeigene Hotels, die Übernachtungsmöglichkeiten direkt auf

Europa ganz nah beieinander: der französische Eurosat

dem Gelände bieten. Heute fährt Parkchef Roland Mack mit dem Elektroauto über das Gelände, um den Überblick zu behalten. „Dass es sich mal so entwickeln würde, haben wir selbst nicht geglaubt", sagt er stolz zum 40. Firmenjubiläum. „Heute haben wir eine Dimension erreicht, die uns mit Haut und Haaren fordert."

Im Park ständig unterwegs: Roland Mack im Elektromobil

Der riesige Freizeitpark ist immer noch ein reiner Familienbetrieb – mit Roland Mack, seinen beiden Söhnen Michael und Thomas und seinem Bruder Jürgen. Mittlerweile arbeitet die achte Generation fürs Vergnügen. 1780 beginnt es in Waldkirch, damals bekannt für Postkutschen und Orgelbau. Urahn Paul Mack gründet in der Schwarzwaldstadt einen Handwerksbetrieb für Wagen. Er trifft damit den Zeitgeist. Die Bevölkerung wird immer mobiler. Der Fahrzeugbau floriert. Vor allem die Wohn- und Packwagen für Schausteller und Zirkusleute sind gefragt. Bald kommen Achter- und Geisterbahnen, Karussells und schließlich Autoscooter hinzu – eben alles, was man zum Vergnügen braucht. Heute gehört „Mack Rides" zu den führenden Herstellern von Attraktionen für Freizeitparks. Vor allem Seniorchef Franz Mack ist ein begnadeter Konstrukteur. Bis fast zu seinem Tod 2010 ist er immer wieder in der Werkstatt und entwickelt technische Wunderwerke.

Schon lange hatte Franz Mack nach einem Weg gesucht, die Bahnen in voller Aktion präsentieren zu können. Von einer Amerikareise bringen er und sein älterer Sohn die Idee eines Freizeitparks mit, der zugleich Ausstellungsfläche für die Fahrgeschäfte sein soll. Sohn Roland Mack ist gerade 26 Jahre alt, als er zusammen mit seinem Vater 1975 den Europa-Park eröffnet. Die Einwohner von Rust haben dort bis heute freien Eintritt, eine Grundbedingung des damaligen Bürgermeisters Erich Spoth, bevor er den Gemeindepark zur Verfügung stellte. Sein Vater hat dieses Recht sogar ins Grundbuch eintragen lassen, erzählt sein Sohn Markus Spoth, der heute Betriebsleiter für Elektrotechnik im Europa-Park ist.

Firmeninfo

Europa-Park GmbH & Co. Mack KG

Mack Rides ist einer der führenden Hersteller von Attraktionen für Freizeitparks und der Europa-Park in Rust ist der größte Freizeitpark Deutschlands.

Stammsitz in Waldkirch

Gegründet 1780

Familienbetrieb in 8. Generation

Mitarbeiter: rund 3600 (in der Saison 2015)

Europa-Park
Europa-Park-Straße 2
77977 Rust
Tel.: 0 78 22/77 66 88

E-Mail: info@europapark.de
www.europapark.de

Öffnungszeiten: Während der Saison (April–November) täglich 9–18 Uhr, dazu spezielle Öffnungszeiten zu Ereignissen

Der Europa-Park hat inzwischen – nach langem Ringen – nicht nur eine eigene Autobahnausfahrt, er prägt die gesamte Region in der südlichen Ortenau und bietet Beschäftigung und Verdienstmöglichkeiten. So zählt der Park während der Saison 2015 über 3600 Mitarbeiter. Indirekt hängen in der Gegend rund 8000 Arbeitsplätze von Deutschlands größtem Freizeitpark ab. Vor allem die Gemeinde Rust hat ihr Gesicht völlig verändert. Nicht jeder im Ort findet die vielen Busse, den Verkehr und den Trubel toll, aber die meisten profitieren davon. Aus dem armen Fischer- und Bauerndorf wurde eine wohlhabende Gemeinde, die stetig wächst. Fast aus jeder Familie arbeitet einer im benachbarten Europa-Park und jeder, der die Möglichkeit hat, vermietet hier Privatzimmer. Rund 2400 Betten werden angeboten.

Drüben im Park ist Roland Mack ständig mit seinem Elektromobil unterwegs. Er will die Atmosphäre spüren, die Stimmung der Besucher: „Die Zahlen und woher die Besucher kommen, das zeigen die Statistiken, aber die emotionale Botschaft zu hören, warum die Leute extra herkommen, das ist wichtig für mich und aus solchen Dingen schöpft man auch die Kraft für neue Investitionen, die ja immer ein Stück weit auch mit Risiken verbunden sind." Roland Mack weiß, dass auch das Vergnügen dem Wandel und vielen Moden unterworfen ist. Ging es früher

So begann es 1780 in Waldkirch: mit Schaustellerwagen und Holzachterbahnen

um Spannung, Attraktionen und Kurioses, sind heute eher Events und Erlebnisse gefragt. Viele Besucher sind fast schon Stammgäste. 81 Prozent, so weiß man aus Besucherumfragen, kommen immer wieder und wollen jedes Jahr auch etwas Neues entdecken. Zusammen mit dem französischen Starregisseur Luc Bessons wurde jüngst – in Anlehnung an seine Kino-Trilogie „Arthur und die Minimoys" – in einer Mischung von Realität und Animationsfilm die geheimnisvolle Welt ansonsten winziger Lebewesen im Großen erlebbar gemacht: Überdimensionale Marienkäfer, riesige Frösche und imposante Raupen fliegen, hüpfen und krabbeln über mächtige Äste und gewaltige Steine. Aus Ameisen werden Elefanten und Grashalme sind so groß wie Wolkenkratzer. Im „Magic Cinema 4-D" erlebt das Park-Maskottchen Ed, die Euromaus, neue Abenteuer. Die moderne Projektionsshow „Beautiful Europe" im digitalen 360 Grad Kino vermittelt dem

Über 100 Attraktionen auf 95 ha Fläche

Familienbetrieb in achter Generation: die Brüder Jürgen und Roland Mack und die Söhne Michael und Thomas

Vergnügen für die ganze Familie: mit der Arthur-Bahn durch die Luft

Zuschauer die Illusion, selbst wie ein Vogel zu fliegen oder wie ein Fisch in den Tiefen des Meeres unterwegs zu sein.

Die Themenbereiche werden ständig erweitert. Jüngst ist Island als neues europäisches Land hinzugekommen, dazu weitere Events wie lange Parknächte und das Winterwunderland. Aber auch Bewährtes wie die tägliche Parade mit über 100 Akteuren, Konfettiregen und Seifenblasen werden jedes Jahr mit neuen Kostümen erweitert und umgestaltet. Woher die vielen Ideen kommen? „Ich bin unglaublich neugierig und aufgeschlossen", erklärt Roland Mack. „Ich schaue mir alte Städte an, gehe durch Kneipen, lasse mich überall inspirieren." Ständig ist er in Bewegung und viel unterwegs. Das hat seinen Preis. Ehefrau Marianne seufzt: „Ich sehe ihn meist von hinten mit zwei Telefonen an den Ohren", und ergänzt: „Ich würde ihn aber wieder heiraten."

Überall im Park ist der 2010 verstorbene Seniorchef Franz Mack präsent – als Namensgeber für Plätze, als Bronzestatue, als Foto im Besprechungszimmer. Er ist für die Familie nach wie vor Vorbild und Ansporn. Der Vater hat Werte vermittelt, die Roland Mack geprägt haben und die er auch an seine Söhne weitergab: sich den Herausforderungen stellen, seine Talente nutzen, zählt er auf, vor allem aber, nicht überheblich werden, andere achten und auf Augenhöhe bleiben. „Der Vater hat mich schon früh rangenommen", erzählt Roland Mack von seiner Kindheit. „Ich war schon mit 13 am Reißbrett arbeiten. Meinem Vater war es wichtig, dass ich frühzeitig in die Arbeitswelt hineinschnuppere." Das Elternhaus steht in Waldkirch direkt neben der Firma, fast unberührt, so als sei es eben verlassen worden. Es soll einmal ein kleines Firmen- und Familienmuseum werden. „Ich bin in dem Unternehmen groß geworden", erinnert sich Roland Mack. „Ich war der Einzige in der Familie, der Fremdsprachen konnte, Englisch und Französisch. Und das war nicht immer einfach für mich, weil ich manchmal lieber den Tag auf dem Fußballplatz verbracht hätte."

Am Stammsitz der Firma „Mack Rides" werden auch heute noch die meisten Fahrattraktionen des Parks selbst produziert. Zugleich ist die Firma weltweit unterwegs. Die legendäre Looping-Achterbahn „Blue Fire" war Hauptattraktion eines Erlebnisparks während der Olympischen Spiele in der russischen Stadt Sotschi. Und Schwarzwälder Attraktionen bereiten inzwischen auch in China Vergnügen.

Die Fahrgeschäfte aus Waldkirch gelten als besonders sicher. Das ist Roland Mack auch ganz wichtig. Er setzt sich weltweit für einheitliche Sicherheitsstandards ein, denn ein Unfall in einem Freizeitpark, egal wo, wäre ein Rückschlag für die gesamte Branche.

Einmal die Woche ist Sitzung der Geschäftsleitung – ein Familientreffen: Denn das sind die vier mächtigen Männer: Roland Mack, studierter Maschinenbauer und Motor des Ganzen, sein jüngerer Bruder Jürgen, der sich als Wirtschaftsingenieur vor allem um die Bereiche Personal, Finanzen und Controlling kümmert. Und mit den beiden Söhnen Michael und Thomas Mack ist bereits die achte Generation eingebunden, für die das Geschäft mit dem Vergnügen Lebenselixier ist.

Am Stammsitz in Waldkirch entstehen die großen Fahrattraktionen

Der Schmierstoffproduzent Fuchs Petrolub in Mannheim

Reibungslos

Er liefert sogar Eulen nach Athen – zumindest im übertragenden Sinn. Selbst die Arabischen Emirate ordern die Spezialöle des Konzerns im Mannheimer Industriehafen. Die Geschäfte laufen wie geschmiert. Das deutsche Familienunternehmen Fuchs Petrolub ist auf Platz neun der Weltrangliste der Schmierstoffhersteller.

Die Spezial-Schmierstoffe sind in unterschiedlichster Zusammensetzung fast überall zu finden: in Autos, Sägen, Fahrstühlen, Schiffsturbinen, aber auch in künstlichen Hüftgelenken und Herzklappen. Das Gleitmittel wird überall dort gebraucht, wo Reibung reduziert werden muss, und Reibung entsteht dort, wo Teile aneinanderstoßen. Es gibt auf Deutschlands Straßen wohl kein Fahrzeug, in dem nicht Erzeugnisse von Fuchs Petrolub für den reibungslosen Ablauf sorgen. In jedem Auto sind rund 30 verschiedene Öle und Fette. Denn nicht nur der Motor muss geschmiert werden, auch Kupplung, Gelenkwellen, Bremsen und die Lenkung. Schmierfette sorgen auch dafür, dass Autositze bei –40 °C in Finnland ebenso funktionieren wie bei plus 50 °C in Saudi-Arabien.

In den Laboren sieht es mit den farbigen Glaskolben aus wie im Chemiebaukasten, nur wesentlich größer. Dort in der Forschungs- und Entwicklungsabteilung werden immer wieder neue Rezepturen entwickelt

Firmeninfo

FUCHS PETROLUB SE

Weltmarktführer für Schmierstoffe

Pro Jahr werden rund 650 000 Tonnen Öl und Schmierstoffe verarbeitet, rund 10 000 verschiedene Schmierstoffsorten werden produziert.

Firmensitz: Mannheim

Gründung: 1931 durch Rudolf Fuchs

Familienunternehmen in der 3. Generation

Mitarbeiter: 4000 Beschäftigte weltweit, davon 800 in Mannheim

Jahresumsatz: 1,8 Mrd. € (2014)

Die jeweilige Mixtur ist Betriebsgeheimnis und für jeden Auftraggeber anders

Schmierstoffe sorgen für den reibungslosen Betrieb

Schnell gewachsen: die Firma im Mannheimer Industriehafen

und Schmierstoffe für die unterschiedlichsten Anwendungen produziert. Für jede Anforderung wird eine eigene Mischung gefunden. Mehr als 10000 verschiedene Varianten gibt es inzwischen.

„Wir machen das im Baukastensystem", erklärt Firmenchef Stefan Fuchs das Prinzip. „Wir verarbeiten die verschiedenen Produkte bei uns in einer hohen Komplexität und setzen dann dasjenige Produkt zusammen, das beim Kunden die beste Wirkung entfacht." Die jeweilige Mixtur ist Betriebsgeheimnis und für jeden Auftraggeber anders.

Dabei ist der Schmierstoffhersteller nicht unmittelbar vom Erdöl abhängig. Nur die Grundflüssigkeit basiert teilweise auf Mineralöl, meist nach mehreren Veredelungsstufen. Zunehmend wird auf nachwachsende Rohstoffe wie etwa Raps zurückgegriffen. „Wir haben eine Vielzahl von Rohstoffen, um die verschiedenen Eigenschaften von Ölen nachbilden zu können", erklärt Peter Elleser, Leiter des Labors für Qualitätssicherung. Und die verschiedenen Farben in den Glaskolben? „Hängt davon ab, wie stark die Öle raffiniert sind", klärt Elleser auf, „oder die Produkte werden auf Kundenwunsch beispielsweise rot, blau oder grün eingefärbt, um sie besser identifizieren zu können."

Über 4000 Mitarbeiter beschäftigt Fuchs heute weltweit, davon rund 800 am Stammsitz in Mannheim. Die Fuchs Petrolub ist seit 1985 börsennotiert und trotzdem ein familiengeprägtes Unternehmen geblieben. Die Stimmenmehrheit hält nach wie vor die Familie Fuchs, nunmehr in dritter Generation.

Begonnen hat es – wie bei so vielen heutigen Weltfirmen – zunächst ganz klein: als Ein-Mann-Betrieb 1931. Mitten in der Weltwirtschaftskrise macht sich Rudolf Fuchs zusammen mit seiner künftigen Frau Irma selbstständig – mit 21 Jahren. Der junge

Seit Sohn Stefan die Geschäfte führt, hat Manfred Fuchs wieder mehr Zeit für die Kunst

Importkaufmann hatte bei einem Mannheimer Handelshaus dessen Schmieröl-Großhandel betreut. Er sah darin auch mit Blick auf den wachsenden Güterverkehr und die Mechanisierung der Landwirtschaft einen Zukunftsmarkt. In einem einfachen Raum im Mannheimer Schlachthof füllt er sein „Pennsylvania Motor Oil“ in Kanister ab und verkauft es als Spezial-Dieselmotorenöl unter der Markenbezeichnung „Penna Pura“ an Transportunternehmer. Das Schmieröl verzögert den Verschleiß der Maschinenteile. Das spricht sich rum und das Geschäft floriert. Zu den Transportunternehmen kommen landwirtschaftliche Betriebe, Sägewerke und Ziegeleien als Kunden hinzu.

Während des Zweiten Weltkrieges bricht der internationale Handel zusammen. Rudolf Fuchs entwickelt daraufhin eigene Schmierstoffe und macht sich vom Import unabhängig.

Die Produktion läuft wie geschmiert

Die Produktion in Mannheim läuft unter kriegsbedingten Einschränkungen weiter. Bei Kriegsende werden die Industrieanlagen auf der Friesenheimer Insel zur Plünderung freigegeben. Voll böser Ahnung fährt Rudolf Fuchs vom Ausweichlager Walldürn mit dem Fahrrad zum Mannheimer Industriehafen. Ein kleines Wunder, seine Anlagen sind weitgehend verschont. Später erfährt er den Grund: Ein holländischer und ein französischer Kriegsgefangener, die bei Fuchs arbeiteten und auch von der Werksküche mitverpflegt wurden, hatten alle Eingänge und Umzäunungen kurzerhand blau-weiß-rot angestrichen – die Firmenfarben, aber auch die Farben der französischen Trikolore. Und den plündernden Soldaten hatten sie das Mineralölwerk als französisches Unternehmen ausgegeben.

Nach dem Krieg kommen Fuchs die Kenntnisse über synthetische Schmieröle zugute. Der Wiederaufbau und die beginnende Massenmotorisierung beflügeln das Unternehmen. Dazu kommt eine geschickte Marketingstrategie. Fuchs liefert Spezialöle für Rennfahrer Wilhelm Herz. Die Rekorde auf dem Hockenheimring sind eine gute Werbung. Das Auslandsgeschäft floriert. Firmenchef Fuchs will frühzeitig die Nachfolge regeln. Sein Sohn Manfred ist künstlerisch begabt und besucht die Bildhauerklasse der Mannheimer Kunstakademie. Der Vater drängt ihn schließlich doch „etwas Rechtes" zu machen. Manfred Fuchs sattelt um auf Betriebswirtschaft. Dann stirbt der Vater 1959 ganz plötzlich – mit noch nicht einmal 50 Jahren. Nach einer Übergangslösung übernimmt Manfred Fuchs 1963 den Betrieb. Er forciert vor allem das internationale Geschäft.

Die Kunst aber bleibt ein wichtiger Teil seines Lebens, „eine Quelle, Kraft zu schöpfen und Inspiration zu gewinnen", sagt er. Manfred Fuchs sammelt Kunst und malt, wann immer es geht. Und er engagiert sich im kulturpfälzischen Kulturleben, beim Neubau der Kunsthalle in Mannheim, bei der Rettung des Technoseums und für die Restaurierung des Speyrer Doms. Heute verbringt er möglichst jedes Wochenende im Atelier. Seine großformatigen, farbigen Bilder hängen in den Gängen und Räumen der Firma oder er versteigert sie für einen guten Zweck.

2003, an seinem 65. Geburtstag, übergibt Manfred Fuchs die Geschäfte an seinen Sohn. Stefan Fuchs ist jetzt Vorstandsvorsitzender der Fuchs Petrolub. Der Vater geht in den Aufsichtsrat. Beiden liegt die Weltfirma als Familienbetrieb am Herzen. „Die Familie war immer geeint", erklärt Manfred Fuchs das gute Verhältnis. „Das ist ja auch ein großer Glücksfall" und bescheinigt seinem Sohn, dass er einen „tollen Job" macht. Und Sohn

Für jede Anforderung wird eine eigene Mischung entwickelt

Stefan bestätigt: „Wenn man das eigene Ego ausblendet, kann man mit dem Ganzen sehr sachlich, aber auch herzlich umgehen und das haben wir gut hingekriegt."

Für die Zukunft sehen beide das Unternehmen stabil aufgestellt. Die stete Forschung und Entwicklung ist dabei ein wesentlicher Baustein, denn es soll von allem weniger werden: geringerer Einsatz von Fetten und Ölen, immer weniger Ölwechsel und vor allem im Automobilbereich geringerer Verbrauch von Treibstoff, und da spielt die Zusammensetzung der Schmierstoffe mit rein. „Die dünnflüssigen Schmierstoffe setzen sich immer weiter durch", erklärt Laborleiter Peter Elleser: „Das liegt daran, dass sie im Tieftemperaturbereich schon viel früher schmieren und auch an die Schmierstellen früher herangehen und dadurch können wir Kraftstoff sparen."

Wiederabbaubare Spezialöle auf der Basis natürlicher Rohstoffe wie etwa Raps – nicht zuletzt für Maschinen im Lebensmittelbereich – sind ein weiteres Forschungsfeld. Wichtig ist aber Senior wie Junior, dass sie von keinem alleine abhängig sind. Deshalb haben sie das Unternehmen auf eine breite Basis gestellt. „Der größte Kunde macht bei uns rund vier Prozent vom Umsatz aus", rechnet Stefan Fuchs vor, „die Automobilindustrie 20 Prozent, das heißt, wir haben viele Kunden, viele Anwendungen, und das auf die Regionen gut verteilt: grob 50 Prozent in Europa, 30 Prozent in Asien, im pazifischen Raum und in Afrika, etwas unter 20 Prozent in Nord- und Südamerika." Und eines wissen sie gewiss: Reibung wird es immer geben und deshalb werden auch Schmierstoffe immer gebraucht. Beste Voraussetzungen also, dass auch in Zukunft das Geschäft wie geschmiert läuft.

Die Familie Romano arbeitet bereits in 3. Generation bei Fuchs. Peter Elleser (rechts) ist Leiter des Labors für Qualitätssicherung

Tipp

Technoseum in Mannheim

Das Landesmuseum für Technik und Arbeit präsentiert auf rund 8000 m² Ausstellungsfläche einen Rundgang durch die Geschichte der Industrialisierung im Südwesten. Dabei sind anschauliche Szenarien zur Technik und Sozialgeschichte aufgebaut, wie etwa eine authentisch eingerichtete Arbeiterwohnung, frühe Industrieanlagen oder eine Arbeiterkneipe. Viele Mitmachstationen und interaktive Experimentierfelder zu Naturwissenschaft machen Lust auf eigene Erkundungen. Der Seniorchef von Fuchs Petrolub, Manfred Fuchs, hat als langjähriger Vorsitzender des Museumsvereins das Technoseum stets unterstützt als eine Einrichtung, die Jugendliche zur Technik hinführt. Im Vorführbetrieb läuft täglich eine Kolbendampfmaschine aus dem Jahr 1908. An ihr kann man sehen, wie sie mit Schmierstoffen in Schwung gehalten wird.

Technoseum Mannheim
Museumsstr. 1
68165 Mannheim
Tel.: 06 21/4 29 89
www.technoseum.de

Öffnungszeiten:
täglich 9–18 Uhr; geschlossen am 24. u. 31.12.
Eintritt: Erwachsene 8 €, ermäßigt 5 €

Die Firma Hansgrohe in Schiltach

Mit Armaturen und Brausen

Wenn Markus Wöhrle morgens duscht, ist er eigentlich schon mitten bei der Arbeit. Der Leiter des Strahllabors bei Hansgrohe beschäftigt sich den ganzen Tag mit dem Wasser. „Wasserstrahlforschung ist sehr spielerisch in manchen Dingen, aber das Tüfteln, das Experimentieren, das bedarf schon großer Ausdauer und Akribie", erklärt er seinen Job. Im Strahllabor der Hansgrohe SE wird intensiv geforscht, bis das Maximum an Komfort erreicht ist. Hier wurde das Duscherlebnis schon mehrfach revolutioniert: Die erste verstellbare Handbrause entwickelt, das Geheimnis des weichen Wasserstrahls entdeckt. Bis zu 70 Einzelteile werden in einer Brause verbaut. Das Innenleben eines Duschkopfes ist heute Hightech.

Design, Forschung und Entwicklung im Strahllabor, Produktion – viele Entwicklungsschritte, bis das Wasser mit dem richtigen Strahl aus dem Hahn oder der Dusche kommt

Diese kleinen technischen Spitzenleistungen finden sich in vielen Bädern rund um den Globus. Und sie sind prominent vertreten: im Kreuzfahrtriesen „Queen Mary II", im Terminal 5 des Heathrow Flughafens in London, im Bundeskanzleramt in Berlin sowie im derzeit höchsten Bauwerk der Welt, dem Burj Khalifa in Dubai. Die Firma aus dem Schwarzwald ist einer der führenden Anbieter von Armaturen und Brausen weltweit.

Das firmeneigene Museum in Schiltach erzählt die Geschichte des Bades und der Brause. Kaum ein Lebensbereich hat sich in den letzten 100 Jahren so grundlegend geändert wie unsere Badeausstattung. Holzzuber, Zinkwannen, Waschtische stammen aus der Zeit, als die tägliche Dusche nicht selbstverständlich und heißes Wasser rar war. Es war die Zeit, als höchstens ein Mal in der Woche gebadet wurde – am Samstagabend. Dann wurde erst der Badeofen angeheizt und das Wasser mühsam heiß gemacht. Das kostbare Nass gehörte dann keinem allein. Die Kinder und manchmal sogar die ganze Familie badeten nacheinander im selben Wasser. Private Badezimmer mit luxuriösen Wannen mit den klassischen Löwenpranken

hansgrohe
Strahlbildvermessung
hansgrohe
High-Speed-Videographie

11.02

hatten nur wenige Reiche. Bis zur heutigen Wellnessoase, wo das Bad nicht nur der Hygiene, sondern auch der Entspannung und der Erholung dient, war es ein langer Weg.

Einer der Wegbereiter ist Hans Grohe. 1901 gründet der Dreißigjährige in Schiltach seinen Drei-Mann-Betrieb zur Herstellung von Uhrenteilen, Messingpfannen und Blechbrausen. Der gelernte Tuchmacher aus Luckenwalde bei Berlin hatte während seiner Wanderzeit den Schwarzwald kennengelernt. Das Kinzigtal scheint dem Tüftler ein guter Standort, sich selbstständig zu machen. Zu der Zeit setzt auch das Bewusstsein für Hygiene ein. Von Medizinern wird das wöchentliche Bad empfohlen. Hans Grohe erkennt den neuen Trend. Bereits 1913 entwickelt er sein Unternehmen zur Spezialfirma für Sanitärprodukte mit Großhandel. Er bereist für Kundenkontakte ganz Europa von Großbritannien bis Italien. „Unsere Waren werden von der Menschheit gebraucht", schreibt er 1927 selbstbewusst.

Geschickt manövriert er das aufstrebende Unternehmen durch die beiden Weltkriege, in denen jeweils Kupfer und Messing, die wichtigsten Rohstoffe, beschlagnahmt werden. Gleichzeitig politisch wach, beschäftigt sich der Unternehmer mit den Ideen der liberalen Köpfe jener Zeit wie Max Weber, Theodor Heuss, Walther Rathenau und engagiert sich in der Weimarer Republik bei der DDP, der Deutschen Demokratischen Partei. Während des Zweiten Weltkrieges ist er über die Aktionen der Widerstandskämpfer bestens informiert. Er lässt sich nicht einschüchtern.1944 verkündet er öffentlich, dass Hitler besser Malergeselle geblieben wäre. Die kritische Haltung den Nationalsozialisten gegenüber bewahrt Hans Grohe nicht davor, dass die französische Besatzung nach dem Krieg seinen halben Maschinenpark requiriert

Frühe Technikbegeisterung: Die Werkstätte

Der Schah von Persien und Wirtschaftsminister Ludwig Erhard am gemeinsamen Messestand der Firmen Hans Grohe und Friedrich Grohe; Teheran 1960

und die Einfuhr von Kupfer und Messing untersagt. Daraufhin stellt er Schöpfer, Schaber und Schüsseln aus Aluminium her und Wasserhähne aus Zinkdruckguss.

Ständig tüftelt Hans Grohe an Neuerungen: 1928 an der Handbrause etwa, mit feinem Porzellangriff als einer Alternative zur Kopfbrause. Vieles, was uns heute selbstverständlich scheint, ist seine Erfindung. 1953 entwickelt er die Brausenstange, an der der Duschkopf flexibel befestigt werden kann. Überhaupt setzt er früh schon auf die Dusche. „Ich denke mir, Badewannen lassen nach", schreibt er 1952 in seinen Aufzeichnungen. „Was ist es auch – man liegt 20 bis 30 Minuten im Bad ohne sich zu rühren. Brausen, kalt, warm, mit und ohne Strahl ist gesünder und angenehmer und man hat ja auch nicht immer Platz für eine Wanne."

1955 stirbt Hans Grohe mit 84 Jahren nach einem schaffens- und erfolgreichen Leben. Sein ältester Sohn Hans Grohe Junior ist schon lange Jahre sein Nachfolger im Unternehmen. Der zweite Sohn Friedrich hatte bereits früh den väterlichen Betrieb verlassen und im Westfälischen eine Firma übernommen. Sie wird Ende der 1940er-Jahre in Friedrich Grohe Armaturenfabrik umbenannt und gehört heute als Firma Grohe zur japanischen Lixil Group.

Um sich zu unterscheiden, bildet sich die Schwarzwälder Fima unter dem Signum Hansgrohe zur eigenen Marke heraus. Das Unternehmen umfasst als Hansgrohe SE – SE steht für Société Européenne – weitere Marken wie etwa Axor. Nach dem frühen Tod von Hans Grohe Junior übernimmt der jüngste Bruder Klaus den Betrieb. Er erkennt früh den Trend zum Design. 1974 gibt es den ersten Designpreis für die Tribel – eine Multispray Handbrause mit drehbarem Duschkopf in Blau, Rot, Braun und Gelb. Die Hansgrohe SE beschäftigt früh schon große Designer wie etwa Hartmut Esslinger, später Gründer von Frog Design oder Philippe Starck, der das Bad auf die Ursprungsformen zurückführt: Badezuber, Wassereimer, Schwengelpumpe – modern interpretiert. Über 400 Design-Preise heimst die Firma ein und darüber hinaus regnet es Auszeichnungen für umweltfreundliche Technologien und Innovationskraft, für

Firmeninfo

Hansgrohe SE

Die Hansgrohe SE ist einer der weltweit führenden Hersteller von sanitärtechnischen Produkten wie Armaturen, Brausen und Duschsystemen.

Firmensitz: Schiltach, 34 Gesellschaften und 22 Verkaufsbüros weltweit

Gründung: 1901 durch Hans Grohe

Form: Das Unternehmen hat zwei Hauptaktionäre: die Familie Klaus Grohe, Schiltach (32%) und den US-amerikanischen Konzern Masco Corporation, Taylor/Michigan (68%)

Mitarbeiter: 3650 (Stand 31.12.2014), davon 2231 in Deutschland

Umsatz: 874 Mio. Euro (2014)

Initiativen zum demografischen Wandel, für soziales Engagement und schadstoffarme Produktion, für Kommunikation, für faires Management und gute Partnerschaft.

2003 erwirbt die Masco-Gruppe mit 64 Prozent die Mehrheit. Gelenkt wird das Unternehmen heute vom Vorstand der Hansgrohe SE unter dem Vorsitz von Thorsten Klapproth. Chef des Aufsichtsrates ist Klaus F. Jaenecke. Die Familie, die rund ein Drittel der Aktien hält, ist nach wie vor in das Unternehmen eingebunden. Drei Söhne von Klaus Grohe setzen die Familientradition fort. Richard Grohe ist seit 2008 stellvertretender Vorsitzender des Vorstands und leitet die Marke Hansgrohe. Sein Bruder Philippe Grohe managt die Marke Axor und Pierre Nikolas Grohe ist seit 2015 im Aufsichtsrat.

Voller Einsatz: Klaus Grohe wirbt selbst für die Tribel

Und so wie sich Vater Klaus nicht scheute, für Werbefotos auch mal selbst unter der Dusche zu posieren, zeigt auch heute noch die Familie vollen Einsatz: „In dem Job sind Selbstversuche Pflicht“, kennzeichnet Richard Grohe die enge Bindung der Familie an den Betrieb. „Da bleibt auch keiner trocken, da werden auch die Familienmitglieder mit einbezogen.“

Und die enge Bindung an die Region zeigt sich auch daran, dass rund 80 Prozent der Produkte von Hansgrohe nach wie vor im Schwarzwald in den Werken in Schiltach und Offenburg hergestellt werden, obwohl 77 Prozent des Umsatzes im Ausland entstehen. Möglich wird das durch einen Zwei- beziehungsweise Dreischichtbetrieb in Kombination mit hoher Automatisierung und gut ausgebildeten Mitarbeitern. Mit einer Mischung aus Handarbeit und Hightech-Produktion will die Firma damit vor allem auch ihre Qualitätsstandards sichern. Qualität „made in Germany“ ist dabei ein wichtiges Betriebskapital. Mit spektakulären Aktionen geht die Firma deswegen auch gegen Produktpiraterie vor: Mit Baggern und Metallschreddern werden öffentlichkeitswirksam Plagiate vernichtet, in Zusammenarbeit mit dem Zoll. Und sie gibt jedes Jahr Millionen für die Rechtesicherung aus. Hansgrohe forscht unentwegt weiter an der Frage, wie Wasser angenehm und inzwischen auch ressourcenschonend den Körper umschmeichelt. Ein Viertel der verkauften Produkte sind Neuheiten. Und wie duscht Wasserstrahlforscher Wöhrle am liebsten? „Unter einer großflächigen Brause“, verrät er. „Die Raindance Royal hat einen Durchmesser von 350 mm, das ist meine Lieblingsbrause, da bin ich umhüllt von Wasser.“

Tipp

Museum für Wasser, Bad und Design

Authentisch gestaltete Badezimmer zeigen die Geschichte des privaten Hausbades vom 19. Jahrhundert bis in die jüngste Vergangenheit. Wie badeten unsere Vorfahren, wann wurde das Duschen populär und wie sah eigentlich das typische Bad der 1970er-Jahre aus? Die einzelnen Ausstellungsbereiche lassen die Epochen der Kulturgeschichte des Privatbads lebendig werden – vom bäuerlichen Leben mit Außenbrunnen über die spartanischen Bäder der 20er-Jahre bis zum Designer-Bad von Philippe Starck. Design und Accessoires, die für das Bad und seine Epoche typisch waren, runden die Arrangements ab.

Hansgrohe Aquademie
Auestraße 9 • 77761 Schiltach • Tel.: 0 78 36/51 32 72

Öffnungszeiten:
Montag bis Freitag 07.30–19.00 Uhr
Sa, So, Feiertag 10.00–16.00 Uhr
Der Eintritt ins Museum ist frei.
Barrierefreier Zugang

Der Reisemobilhersteller Hymer in Bad Waldsee

Im eigenen Bett unterwegs

Die Firma Hymer im Herzen Oberschwabens lebt von der Sehnsucht nach Natur und dem Wunsch, die Ferne in den eigenen vier Wänden zu erleben. Parallel zur aufkommenden Reiselust in den 1970er- und 80er-Jahren machte Erwin Hymer sein Unternehmen zum größten Wohnmobilhersteller Europas. Selbst das Museum in Bad Waldsee ist dem Fenster eines Wohnwagens nachempfunden.

Innen in der zweigeschossigen Museumshalle stehen die Gestalt gewordenen Träume – über 80 Reisemobile, Caravans, PKWs und Anhänger aus den letzten Jahrzehnten. Sie erzählen die Geschichte des mobilen Reisens und sie erzählen vom Gespür Erwin Hymers für die Bedürfnislage der Nachkriegszeit: große Reiselust, wenig Geld und in der Fremde Vertrautes um sich zu haben. Das Haus auf Rädern, eine Idee, die ursprünglich aus England kommt, entspricht dem. Unterwegs und trotzdem daheim, das ist das Motto. Vorläufer ist der erste deutsche Wohnwagen von Dethleffs, 1931 in Isny gebaut.

Sorgsam gehütetes Museumsstück ist aber der „Urtroll". Ihn fertigt Erwin Hymer 1957 nach den Entwürfen seines Freundes Erwin Bachem. Die beiden Flugzeugingenieure kennen sich von der Firma Dornier her. Hymer verbringt dort seine ersten Berufsjahre. Er kehrt aber bald wieder nach Bad Waldsee zurück und steigt dort in den Karosseriebetrieb seines Vaters ein.

Hymer und Bachem ergänzen sich gut: 1958 beginnt die Serienfertigung mit dem Modell „Puck". Hymer baut die Caravans, Bachem übernimmt den Vertrieb. Pro Tag wird ein Caravan gefertigt. „Faun", „Troll", „Puck", die ersten Namen kommen aus der Fabelwelt.

Das „Eriba Puck Luxusmodell" kostete damals 3190 Mark. Aus heutiger Sicht erscheint die Ausstattung bescheiden, aber das Innenleben ist ausgetüftelt. Auf nur 2,80 Me-

ter Aufbaulänge und 1,65 Metern Breite ist eine erstaunlich geräumige Sitzgruppe für bis zu fünf Personen untergebracht, dazu ein Kleiderschrank, ein Unterschrank und ein Kochschrank für einen Zweiflammenkocher. Für den ersten Prospekt müssen die Schwestern Gertrud und Elisabeth Fotomodell spielen. Und auch Erwin Hymer springt zur Not zum Probeschlafen ein.

Keiner kennt die Geschichten zu den 80 Oldtimern so gut wie Max Ludy. 42 Jahre arbeitet er in der Produktion, danach sammelt er im Auftrag Hymers die alten Wohnmobile und Anhänger und restauriert sie, bis 2011 das Museum eröffnet werden kann. Neben den Erfolgsgeschichten erzählt die Ausstellung auch von fehlgeschlagenen Träumen.

„Nachdem die Wohnwagen gut angelaufen sind, wollte sich Herr Hymer seinen Wunsch erfüllen und Reisemobile bauen", erzählt Max Ludy die Geschichte zu einem taubenblauen Borgwardmobil. Drei Fahrzeuge sind bereits

Das Museum in Bad Waldsee (links) greift die Fensterform eines Wohnwagens auf

Heute Museumsstück: der Urtroll von 1957. Für die ersten Prospekte wurde die ganze Familie als Model eingespannt

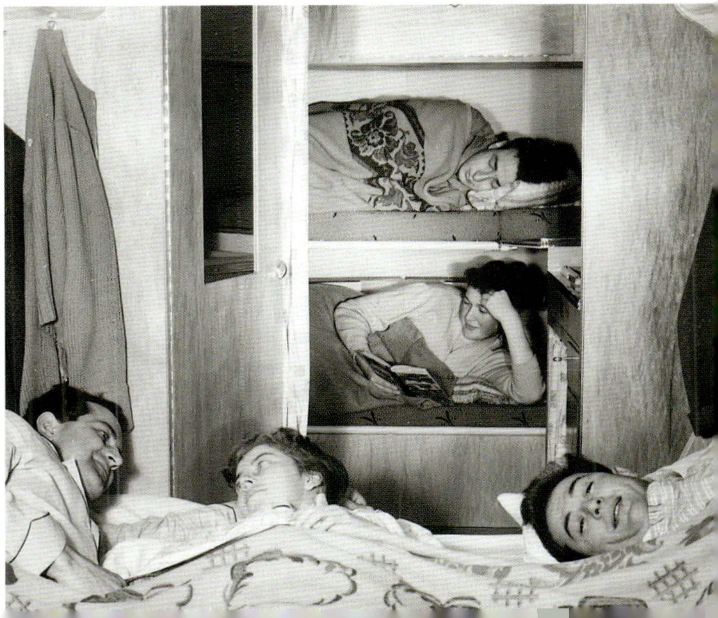

Firmeninfo

Europas größter Wohnmobilhersteller

Firmensitz: Bad Waldsee

Gründung: 1957

Hymer-Group, Familienunternehmen in 2. Generation

Mitarbeiter: 1200 am Stammwerk in Bad Waldsee, Hymer Group insgesamt 4000

Fertigung: Pro Jahr 35 000 Freizeitfahrzeuge

Umsatz: 1,2 Mrd. € (2015)

fertig, die Prospekte gedruckt. Dann der große Knall: Borgward meldet Insolvenz an. „Für Hymer war das ein Riesenschlag. Wenn das Auto in den 1960er-Jahren auf den Markt gekommen wäre, wäre das ein Riesenrenner gewesen", ist Ludy überzeugt. Erst zehn Jahre später – nach einem Frankreichurlaub mit schwieriger Hotelsuche – wagt Hymer 1971 mit dem „Hymermobil" einen zweiten Anlauf – diesmal mit Erfolg.

Wenn Tochter Carolin Hymer und ihre Mutter Gerda durchs Museum laufen, ist fast jedes Fahrzeug mit Erinnerungen an den 2013 verstorbenen Vater und an eigene Urlaube in den Wohnmobilen verbunden. Ferien sind für Erwin Hymer oft gleichzeitig Testfahrten mit den neuen Modellen. „Er hat lange Stunden damit verbracht zu tüfteln, wo was am besten platziert werden kann. Am wichtigsten war ihm immer das Bad", erinnert sich Carolin Hymer. „Und er hat immer seinen Aktenkoffer mitgenommen", ergänzt Mutter Gerda, „zur Beruhigung".

Die heutigen Caravans und Wohnmobile haben sich gegenüber denjenigen, mit denen Carolin und ihre Eltern unterwegs waren,

Der Borgward sollte das erste Reisemobil werden

Carolin Hymer und Mutter Gerda verbrachten viele Urlaube im Wohnwagen

gehörig verändert: „Früher hat man im Schlafbereich eigentlich nur Bretter und dünne Schaumstoffmatratzen gehabt. Heute gibt es Kaltschaummatratzen und Lattenrost, sodass man unterwegs schlafen kann wie im eigenen Bett." Bei den neuen Modellen zeigt sie, was heute alles möglich ist: Hightech-Fernseher, versenkbare Kaffeemaschine, ein schickes Bad mit Designerwaschbecken und Kleiderhochschränke. Das Innenleben ist nicht mehr nur gemütlich, sondern komfortabel bis luxuriös. Nach oben hin sind dabei keine Grenzen gesetzt.

Im oberschwäbischen Bad Waldsee liegt das Produktionswerk der Firma Hymer. Mit 1200 Mitarbeitern ist sie ein wichtiger Arbeit-

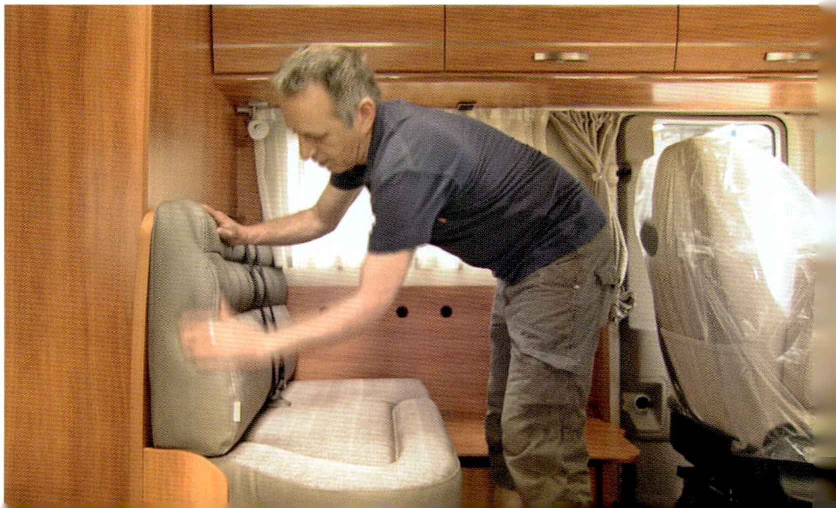

geber in der Region. Die Produktionshalle ist so groß wie drei Fußballfelder. Hier werden die rollenden Häuser zusammengesetzt. Jedes Mobil hat schon einen potenziellen Eigentümer, denn gearbeitet wird vor allem nach Auftrag. Mehr als 70 LKWs liefern werktäglich neues Material zum Verarbeiten. Die nackten Fahrzeuggestelle, die Chassis, kommen von Fiat oder Mercedes. Angeliefert werden auch die Sanitär- und Küchengeräte. Alles andere aber stammt aus den eigenen Werkstätten. Gearbeitet wird von innen nach außen: erst die Technik und die Möbel, dann die Außenhaut. Die Möbelvormontage ist mit 106 Mitarbeitern die größte Abteilung der Fertigung. In 50 Minuten ist ein komplettes Küchenmodul zusammengesetzt.

Die Modulbauweise ist dabei die Zukunft. Weil einzelne Blöcke austauschbar sind, kann das Reisemobil auch flexibler genutzt werden, etwa als Büro. Im Museum lässt sich gut verfolgen, wie sich nicht nur die Bauweise verändert, sondern auch wie die Ausstattung Trends unterliegt: Die Holzfarben sind heller geworden, die Strukturen ruhiger. Geändert haben sich aber vor allem die Materialien. Verarbeitet werden heute eher leichte Hölzer und Stoffe. Das hängt auch mit einer Gesetzesänderung zusammen. Denn wer nach 1999 seinen normalen PKW-Führerschein gemacht hat, darf nur noch Fahrzeuge bis 3,5 Tonnen fahren. Seither spielt das Gewicht beim Fahrzeugbau eine große Rolle.

Chefdesigner Frank Venter zeigt zwei Schränke. Äußerlich sehen sie völlig gleich aus. Aber nur einer ist komplett aus Massivholz. Beim anderen hat das Holz einen Styroporkern. Rund zehn Kilo ist er dadurch leichter.

Auch in der eigenen Näherei in der großen Halle mit den schweren Stoffballen geht es ums Gewicht. Serpil Dedeeli zeigt das Innenleben der Polster: Leichter Schaumstoff unterfüttert die Bezüge. Gearbeitet wird mit 50 verschiedenen Stoffen. Die Chefin der Näherei erklärt, was sie alles aushalten müssen: Sonnenschein und Temperaturunterschiede, tropfende Eistüten und Ketchup-Spritzer. Im kompakten Wohnmobil wird alles stärker strapaziert als zuhause. Deshalb müssen alle Stoffe robust sein und dürfen nicht so schnell ausbleichen. Zusätzlich sind sie mit einem extra Fleckenschutz versehen.

Serpil Dedeeli ist seit 16 Jahren bei Hymer. Mit ihr arbeiten 34 Näherinnen und vier Näher aus fünf Nationen. Fachkräfte sind in dieser Sparte schwer zu finden, erzählt sie, denn in Deutschland werden kaum mehr Näherinnen ausgebildet. Deshalb möchte sie auch die fünf neuen Mitarbeiterinnen aus Polen längerfristig binden und bemüht sich gerade um den Familiennachzug. Wenn schließlich die fertigen Bezüge eingepasst sind, ist nach zweieinhalb Ta-

Viele Arbeitsschritte in eigenen Werkstätten: Design, Schreinerei, Polsterei, Einbau

Sie versprechen Freiheit in vertrauter Umgebung: aktuelle Modelle

gen aus dem nackten Chassis ein fertiges Reisemobil geworden, im Wert eines kleinen Ein-Zimmer-Appartements von rund 70 000 Euro.

Ganz zum Schluss wird das Mobil durchgecheckt: in der Beregnungshalle, ob Dach und Wände dicht sind, und in Sicherheitstests wird die Standfestigkeit bei unerwartetem Seitenwind geprüft. Denn je leichter, desto wichtiger ist die Stabilität der Fahrzeuge geworden. Deshalb wurde nach Tests im Windkanal ein Seitenwindassistent entwickelt.

Hymer ist inzwischen Teil einer Unternehmensgruppe. Die Erwin Hymer Group vereint neun Caravan- und Reisemobilhersteller in Europa. Geforscht, entwickelt und eingekauft wird gemeinsam. Das spart Kosten. Von den 35 000 Freizeitfahrzeugen, die pro Jahr die Werke verlassen, geht fast die Hälfte ins Ausland, vor allem nach Frankreich, Norwegen, Schweden und England.

Das Familienunternehmen ist heute managementgeführt. Nach dreijähriger Stabilisierungsphase übergibt Andreas Lobejäger 2015 die Geschäfte an den Oberschwaben Martin Brandt. Der soll nun Europas größte Firmengruppe für Reisemobile und Wohnwagen zum Weltmarktführer machen. Und auch Tochter Carolin Hymer, eine erfolgreiche Eventmanagerin, kehrt im selben Jahr als Beiratsmitglied ins Familienunternehmen zurück. Zusätzlich übernimmt sie die Planung für das jüngste Mammutprojekt – Europas größte Verkaufs- und Ausstellungshalle für Reisemobile in Wertheim im Norden Baden-Württembergs.

Wenn dann die Kunden kommen, um ihr Auto abzuholen, ist das für alle mit ein bisschen Herzklopfen verbunden, denn mit der Vorfreude steigen auch die Erwartungen. Und wenn sich die Käufer dann in ihrem Reisemobil wie zuhause fühlen, geht der Wunsch nach Geborgenheit mit dem Traum von Freiheit und Unabhängigkeit zusammen.

Tipp

Erwin Hymer Museum

Das Mitmachmuseum lädt zu einer Entdeckungstour durch die Kultur- und Technikgeschichte des mobilen Reisens ein. Auf rund 6000 Quadratmetern Ausstellungsfläche sind über 80 Oldtimerfahrzeuge wie Reisemobile, Caravans, PKWs und Anhänger aus aller Welt zu sehen. Dazu gibt es Geschichten über die Abenteuer der Pioniere, über Technik, Entwicklung, Produktion und Design sowie über die Sehnsuchtsorte der jeweiligen Zeit. Auch die eigenwillige Architektur des Museums lohnt einen Besuch.

Erwin Hymer Museum
Robert-Bosch-Straße 7 • 88339 Bad Waldsee
Tel.: 0 75 24 / 97 66 76–00
www.erwin-hymer-museum.de

Öffnungszeiten: täglich 10–18 Uhr, donnerstags bis 21 Uhr

JaKo Baudenkmalpflege in Rot an der Rot

Die Haus-Retter

Sie bringen Häuser zum Schweben und erwecken verfallene Gemäuer zu neuem Leben, denn sie lieben alles, was alt ist und eine Geschichte hat. Die drei Brüder Bernd, Martin und Karlheinz Jäger haben den Zimmereibetrieb in Rot an der Rot im Landkreis Biberach in vierter Generation zum Spezialunternehmen für Baudenkmalpflege ausgebaut. Das Spektrum reicht von der Sanierung des Dachgebälks von Schloss Salem über die Wiederherstellung eines bestimmten Zeitabschnitts ganzer Häuser für die Freilichtmuseen bis zur Vereinbarkeit von historischem Ambiente mit modernem Wohnkomfort beim Umbau eines Schwarzwaldhofes.

Eine Spezialität von JaKo Baudenkmalpflege – das steht für Jäger und Kompetenz – ist die Translozierung: der Abbau, die Versetzung und der originalgetreue Wiederaufbau denkmalgeschützter Objekte an einem

Familienunternehmen: Die drei Brüder Karlheinz, Martin und Bernd Jäger führen den Betrieb gemeinsam

anderen Ort. Unter Urgroßvater Vinzenz, der den Betrieb 1890 gründet, und Großvater Ludwig ist es noch ein klassischer Ein-Mann-Zimmereibetrieb mit zusätzlicher Landwirtschaft. Erst Vater Erwin Jäger spezialisiert sich auf die Restaurierung. Der Zusatzschritt kommt, als 1980 das damals noch junge oberschwäbische Museumsdorf Kürnbach anfragt, ob er nicht ein ganzes altes Haus auf das Museumsgelände verpflanzen könne. Die Mitbewerber hatten bereits abgewunken. Erwin Jäger wagt es und steckt seine Söhne mit der Begeisterung an. Inzwischen ist der Zimmereibetrieb ein mittelständisches Unternehmen mit rund 70 Mitarbeitern: Architekten, Bauingenieure, Restauratoren, Zimmerleute, Tischler, Maurer, Stuckateure, Verwaltung.

JaKo versetzte mittlerweile den Bonner Kiosk, an dem bereits Wirtschaftswunderkanzler Ludwig Erhard Zeitungen und Zigarren holte, ins Haus der Geschichte ebenso wie die Fassaden und den tonnenschweren Gewölbekeller eines spätmittelalterlichen Bauernhauses von der Schwäbischen Alb ins Freilichtmuseum nach Beuren. Das Brüder-Trio ist heute ein gerngesehener

Alte Häuser mit neuem Leben im Ortskern von Beuren: Das ehemalige Bürgermeisterhaus (links) wird gerade renoviert, in das Haus in der Hauptstraße (rechts) sind eben die neuen Bewohner eingezogen

Auf dem Weg ins Haus der Geschichte: der Bundestags-Kiosk von Bonn

Beim Renovieren kommen alte Handwerkstechniken zum Einsatz

Partner von Freilichtmuseen in Süddeutschland, denn sie haben eine ganz eigene Methode entwickelt, mit der die Kosten für den Partner kalkulierbar sind: mit einer Magic Hall, eine Art „Verwandlungshalle".

Vor Ort wird das Haus zunächst technisch und wissenschaftlich begutachtet und katalogisiert. Jeder Stein, jeder Balken erhält eine Nummer. Erst dann wird das Gebäude in transportable Großteile zerlegt. Beim Haus Bühler aus dem mittleren Neckarraum, heute ebenfalls Teil des Museumsdorfs in Beuren, waren es über 2000 Einzelstücke, davon 157 Großteile. Alles wird sorgfältig eingepackt, die Wände mit Holzstreben diagonal versteift und nach Rot an der Rot auf das Firmengelände transportiert. Dort in der großen Halle beginnt das Puzzle. Marode Teile werden ersetzt und die Hausteile wieder zusammengefügt. Dank dieser Halle erst sind die Kosten kalkulierbar und auch günstiger. Denn innen wird unabhängig vom Wetter durchgearbeitet und der tägliche Auf- und Abbau der Geräte vor Ort entfällt. Die Häuser sind oft ein ganzes Jahr in dieser Restaurierungshalle, bis aus dem baufälligen Gemäuer wieder ein stattlicher Hof mit verschiedenen Zeitschnitten geworden ist. Dann erst wird das historische Gebäude – wieder in Teile zerlegt – ins Museumsdorf transportiert und dort innerhalb weniger Wochen endgültig aufgebaut.

„Die Bauwerke erzählen von der einstigen Baukunst und erinnern an Erlebtes", begeistert sich Bernd Jäger. „Wir tragen dazu bei, dass die Geschichten erhalten bleiben." Im Museumsdorf geht es um historische Genauigkeit und die Rekonstruktion eines bestimmten Zeitschnittes. Zwei Kilometer weiter im eigentlichen Dorf Beuren am Albtrauf zeigt die Firma JaKo gerade, wie alte Häuser mit modernem Wohnkomfort zusammengehen. Zu Beuren haben die Jäger-Brüder eine ganz besondere Beziehung. Ins dortige Freilichtmuseum haben sie bereits vier Häuser transloziert und wiederaufgebaut. Nun bauen sie im Ortskern selbst zwei historische Doppelhaushälften um und wollen damit zeigen, dass alte Häuser nicht nur fürs Museum taugen, sondern auch heutigen Wohnansprüchen gerecht werden können.

Beuren hat in ganz Baden-Württemberg den größten Bestand an historisch bedeutsamen alten Häusern – ein Schatz, aber auch eine Bürde. Die meisten stehen leer und verfallen, weil die Besitzer fürchten, dass eine Renovierung ein finanzielles Fass ohne Boden ist. Einige können auch mit dem „alten

Im Lager stapeln sich alte Baumaterialien, mit denen fehlende Teile ergänzt werden. Für die Translozierung werden ganze Hauswände verpackt

Das Effringer Schlössle wird ins Schwarzwälder Freilichtmuseum Vogtsbauernhof transportiert und dort wieder aufgebaut

Glomp" wenig anfangen. Bezeichnend, dass beide Häuser von Auswärtigen gekauft wurden.

Die Handwerkskunst vergangener Jahrhunderte bewundert Bernd Jäger heute noch, etwa wenn er bei einer Baustellenführung auf die „tolle Fachwerkkonstruktion" von 1397 hinweist. „Das sind rund hundert Jahre, bevor Kolumbus Amerika entdeckt hat", legt

Firmeninfo

JaKo Baudenkmalpflege

Spezialist für die Restaurierung und Versetzung von historischen Baudenkmalen mit den Geschäftsfeldern Translozierung, Restaurierung, Gesamtrestaurierung und Dielenböden.

Firmensitz: Rot an der Rot, Landkreis Biberach

Familienbetrieb in vierter Generation, gegründet 1890 von Vinzenz Jäger

Mitarbeiter: 67, davon 30 Zimmerer (davon 8 Zimmerer für Restaurierungsarbeiten, 5 Restauratoren), 5 Helfer, 7 Bauleiter, 5 Zimmererlehrlinge, 5 Maurer/Stuckateure/Lehmbauer, 9 Büromitarbeiter, 3 kaufmännische Azubis, 3 Geschäftsführer

Jährlich werden circa 20 Gebäude restauriert oder transloziert.

er nach, „und als diese alten Eichenbalken eingebaut wurden, waren sie schon drei- bis vierhundert Jahre alt. Das Holz stammt also aus der Zeit um 1000 n. Chr." Das Haus in Beuren direkt neben dem Rathaus begeistert ihn. Es gilt als das zweitälteste Haus im ländlichen Raum in Baden-Württemberg, und umso mehr freut ihn, dass er es wieder zum Leben erwecken darf: „Das Haus wurde zwar immer wieder umgebaut, aber die Grundkonstruktion ist erhalten. Armut ist der beste Denkmalschutz".

Wie die Museen fürchten auch private Bauwillige unüberschaubare Kosten. Deshalb haben die Jägers auch hier ein Konzept entwickelt, das ihren Kunden die Angst nehmen soll. Sie untersuchen vorher das Gebäude auf Möglichkeiten, aber auch auf Risiken und geben dann eine Festpreiszusage. „Wir fangen mit dem Gebäude erst an, wenn wir wissen, was der Umbau kostet." Und wie viel teurer als ein Neubau ist es dann? Etwa zehn Prozent mehr, rechnet Bernd Jäger vor, wenn alle Zuschuss-Möglichkeiten ausgeschöpft werden. Auch dabei hilft JaKo, denn sie machen ein ganzheitliches Angebot. Es umfasst neben den eigentlichen Bauarbeiten auch die Planung, das Einholen von Fördergeldern und die Verhandlungen mit dem Denkmalamt, um einen Kompromiss zwischen modernem Wohnen und altem Gebäude zu finden.

Bernd Jäger kann das Denkmalamt gut als „Anwalt des Gebäudes" akzeptieren. Er selbst beschreibt seinen Zugang zu einem alten Gebäude fast zärtlich: „Man muss sich auf das alte Haus einlassen, versuchen, es zu verstehen, und darf nicht gegen die Statik arbeiten und dem Gebäude etwas überstülpen." Und – jedes Haus ist ein Unikat. „Unbeschreiblich, was so ein Haus alles erlebt hat: Kriege und Naturkatastrophen", ist für Bernd Jäger das alte Gebäude ein Zeitdokument. Und die Stuben und Ställe erzählen vom zähen Überlebenswillen der Bewohner und von ihrer Findigkeit.

Wenn er das offengelegte Flechtwerk mit dem Lehmverputz in der aktuellen Baustelle in der Linsenhoferstraße anschaut, ist das für ihn ein Fenster in die Vergangenheit. Und zugleich blickt er weit in die Zukunft, wenn er mitten im Schutt im ersten Stock beschreibt, wie hier einmal das Badezimmer aussehen wird. Da gehören Fantasie und Unerschrockenheit dazu. „Man muss die passende Nutzung für das Gebäude finden", sind

Das Haus Bühler aus Öschelbronn steht jetzt im Freilichtmuseum Beuren

die Erfahrungen von Jäger, „dann ist auch das Denkmalamt dabei, dann sind manchmal auch Gauben oder auf der Rückseite Balkone möglich". Bevorzugt verwendet JaKo alte Materialien, etwa Lehm. Der reguliert die Luftfeuchtigkeit und sorgt dadurch für ein gutes Raumklima, verweist Bernd Jäger auf das Wissen der Vorfahren, von dem in Wirtschaftswunderzeiten viel verloren ging, weil man sich vom Alten, das an die frühere Armut erinnerte, lösen wollte. Im Erdgeschoss, wo früher der Stall war, kommt eine Lehmschüttung auf den Blindboden – zur Wärmedämmung und als Schallschutz.

Wenn das Gebäude nach einem Dreivierteljahr Renovierung fertig ist, wird in jeder Haushälfte eine moderne Wohnung sein, mit komfortablen Bädern, Hightech-Küchen und mollig warmer Fußbodenheizung. Das historische Gebäude ist dann auch energetisch auf einem guten Stand, verspricht Jäger, nur nicht mit Styropordämmung, sondern mit einem mineralischen Wärmedämmputz, „denn man muss auf das Gebäude hören und überlegen, was zu ihm passt, denn bei einer Großmutter käme ja auch keiner auf die Idee, ihr einen Minirock zu schenken".

Und dann fährt er zum nächsten Objekt, das ihm wieder eine neue Geschichte erzählen wird: das „Schlössle" aus Effringen bei Calw, von dem sich die einstigen Besitzer gerade mit einem Fest verabschiedet haben, bevor es in die Restaurierungshalle kommt und dann als Museumshaus im Schwarzwälder Freilichtmuseum Vogtsbauernhof vom Leben früherer Zeiten berichtet.

Wiederbelebt: moderner Wohnkomfort in alten Häusern

Tipp

Freilichtmuseum Beuren

„In den Herbstwiesen“ am Rande der Gemeinde Beuren sind zwei kleine Dörfer mit umgesetzten und wiederaufgebauten alten Häusern entstanden. Mit 24 Häusern gibt das Freilichtmuseum des Landkreises Esslingen in Beuren Einblicke, wie in der Region Mittlerer Neckar und Schwäbische Alb früher auf dem Land gearbeitet und gelebt wurde. An den Häusern lässt sich ablesen, mit welchen Materialien und mit wie viel Geschick die Handwerker früher gebaut haben. Zwei dieser Gebäude hat JaKo Baudenkmalpflege im Auftrag des Landkreises Esslingen an den Originalstandorten abgebaut und nach den Vorgaben des Museums hier aufgebaut: ein Ausgedinghaus aus Pfronstetten-Aichelau (Kreis Reutlingen) sowie das über 500 Jahre alte dazugehörige Bauernhaus. Dort sind im Erdgeschoss auch Filme über die Translozierung und den Wiederaufbau dieses Hauses zu sehen. Außerdem hat die Firma das schon 1989 abgebaute Rathaus aus Häslach (Kreis Reutlingen) mit Amtsstube und Lehrerwohnung im Museumsdorf errichtet. Jüngster Wiederaufbau ist ein repräsentatives Doppelhaus aus Gäufelden-Öschelbronn (Kreis Böblingen) mit Stallungen und der Bürgermeisterwohnung sowie modernen Veranstaltungsräumen. Das 11 ha große Museumsgelände liegt eingebettet in einer Talsenke am Albtrauf mit Blick auf die Burg Teck und die Burgruine Hohenneuffen.

Freilichtmuseum Beuren
Museum des Landkreises Esslingen
für ländliche Kultur
In den Herbstwiesen
72660 Beuren
Tel: 0 70 25/9 11 90–90
E-Mail: info@freilichtmuseum-beuren.de
www.freilichtmuseum-beuren.de

Öffnungszeiten: Ende März bis Anfang November
Di–So 9–18 Uhr; an Feiertagen auch Mo

Die KBC Stoffdruckerei in Lörrach

Farbe und Muster für die Mode

Sie bringen Farbe in die Modewelt. Hinter dem geblümten Sommerkleid, den bunt gemusterten Vorhängen oder den extravaganten Stoffdekors im Schaufenster steckt meist KBC. Die nüchterne Abkürzung steht für Europas größtes Stoffdruck-Unternehmen. Rund 15 Millionen Meter Stoffbahnen werden im südbadischen Lörrach pro Jahr bedruckt. 1753 gegründet, hat die KBC eine lange und in Teilen auch wechselvolle Geschichte hinter sich. Zugleich spiegelt sie seit ihrer Gründung die Besonderheiten des Dreiländerecks von Deutschland, Frankreich und der Schweiz als Textilzentrum wider.

Die Muster spiegeln den jeweiligen Zeitgeschmack

Vor den großen Messen, insbesondere der wichtigsten in Paris, herrscht überall Hektik im Betrieb. Vor allem in der Kreativabteilung und im Musterstofflager: Letzte Handgriffe an den Mustermappen, letzte Überlegungen, welche Stoffe mitgenommen werden, letzte Spekulationen, was wird ankommen, welche Farben, welche Muster sind im Kommen, wie wird die Mode in einem Jahr aussehen? „Mode ist ein so schnelles Geschäft", fasst Geschäftsführer Henri Rowienski die Erfordernisse der Branche zusammen, „da kann man sich nicht auf Erfolgen ausruhen".

Deshalb setzt KBC seit Jahren auf Schnelligkeit. Über 400 verschiedene Stoffarten werden vorgehalten, um unverzüglich auf Kundenwünsche reagieren zu können. Seit

Die modernen Maschinen drucken atemberaubend schnell und punktgenau

1990 arbeitete KBC mit Inkjet, dem innovativsten Stoffdruckverfahren, das auf dem Markt ist und bei dem KBC weltweit führend ist. Die Geschwindigkeit ist ebenso atemberaubend wie die Genauigkeit. Die Inkjet Maschine arbeitet ähnlich wie ein Tintenstrahldrucker im Büro. Gewünschte Muster werden über den Computer eingelesen. Aus feinen Düsen wird am Druckkopf die Farbe auf den Stoff gespritzt. Damit können auch zarte Linien und winzige Details gedruckt werden – in hoher Auflösung: mit 600 dpi. Das ist etwa so, wie wenn 16 Millionen Farbpunkte auf einem Fingernagel Platz finden. Jedes erdenkliche Muster und jede erdenkliche Farbschattierung ist möglich. Zwischen 18 000 und 25 000 Meter Stoff können so pro Tag im Inkjet bedruckt werden. Und die neuen Maschinen werden noch schneller sein.

Die Hälfte der Aufträge bei KBC wird inzwischen in diesem Verfahren hergestellt. Aber es eignet sich nicht für alles. Ätzdrucke etwa oder Drucke auf Gewebe mit Goldfäden können nur konventionell gefertigt werden. Für diese und andere Drucke sind nach wie vor die vier großen Maschinen im Rotationsdruck im Einsatz. Dabei werden die Stoffrollen an die Maschine gebracht, Druckschablonen eingebaut und mit jeweils einer Farbe gefüllt. Für einen Druck werden

Die Auswahl aus über 2 000 Farben ermöglicht jedes Muster

so viele Schablonen benötigt, wie Farben in dem Muster vorkommen. Die Designer können im Farbatlas aus über 2000 Farben auswählen. Eine automatische Rückpastenstation in der Farbenküche sorgt in der Produktion dafür, dass 87 Prozent der Restfarben der konventionellen Druckerei wiederverwertet werden können. Das heißt, die Farbenreste werden dort gesammelt, neu zusammengesetzt und wiederverwendet. Das schont die Umwelt und spart Kosten.

Franziska Wuchner ist seit ihrer Lehrzeit vor Jahrzehnten bei KBC und ist immer noch fasziniert von den Farben und den Mustern. Und manchmal muss sie schmunzeln, wenn sie in der Stadt in die Schaufenster der Bekleidungsgeschäfte sieht. „Da denkt man bei der Stoffgestaltung vielleicht an eine schöne Bluse", erzählt sie, „und dann wird eine bunte Hose daraus." Wichtig ist ihr aber bei allem Neuen, „dass die Stoffe kombinierbar sein müssen. Nicht jede Frau kann jedes Jahr ihre gesamte Bekleidung neu kaufen".

Wenn sie neue Muster entwickelt, geht sie oft hinüber in das als Archiv und Schaudepot umgestaltete alte Kesselhaus und holt sich dort Anregungen. Dort lagert das kreative Gedächtnis des Unternehmens: Eineinhalb Millionen Dessins und Muster, ein unglaublicher Schatz, europaweit einmalig. In dicken Lederbänden sind sorgsam alle Entwürfe seit der Firmengründung abgelegt. Die zum Teil über 200 Jahre alten Muster zeigen die Entwicklung vom Biedermeier über Jugendstil und Art Deco, Paisley bis hin zu Blumigem oder Abstraktem aus neuerer Zeit. An den Wänden des Depots hängen noch einige alte Holzmodel. Leider haben nicht viele der alten Druckstöcke die Zeitläufte überlebt. Nach dem Zweiten Weltkrieg lagerten sie meterhoch im Hof des Fabrikgebäudes. Man verkannte ihren zeitlosen Wert, und die Bevölkerung durfte in der Notzeit diese Kostbarkeiten zum Heizen mit nach Hause nehmen.

Zum 250-jährigen Bestehen ließ KBC den gesamten historischen Musterbestand von einer Kunsthistorikerin fachgerecht dokumentieren. Derzeit werden die Bestände zusätzlich digitalisiert. Die Muster sind heute noch Inspirationsquelle für die Designer, die oft alte Elemente in ihre neuen Entwürfe einarbeiten oder mehrere historische Dessins zu einer neuen Mode kombinieren. Das Depot ist zugleich Lernort für Studenten der Modeschulen, die dort die Geschichte des Stoffdrucks kennen lernen.

Wie kaum eine andere Firma verkörpert die KBC die industrielle Entwicklung in Südbaden. Ihren Ursprung verdankt sie eigentlich einem Wirtschaftsförderungsprogramm für die Region. Markgraf Carl Friedrich von Baden möchte im Badischen Fabriken ansiedeln. Deshalb lockt er Unternehmer mit Privilegien. Mit Schweizer Geld legt der aus Bern verbannte Friedrich Küpfer den Grundstock für die KBC. Mit ihm beginnt die Industrialisierung Südbadens. Das Wiesental entwickelt sich im 19. Jahrhundert zu einer wichtigen Textillandschaft, angetrieben und finanziert fast ausschließlich von Schweizer Unternehmern. Als später die französische Familie Koechlin aus Mulhouse und der Chemiker und Kaufmann Léon Baumgartner sich in der Firma engagieren, erhält sie ihren bis heute gültigen Namen: KBC, das steht für Koechlin, Baumgartner & Cie.

In der Gründerzeit um 1890 prägt die Firma auch das Stadtbild von Lörrach mit über 200 Werkswohnungen und Villen. Eine Betriebskrankenkasse wird gegründet, ein Werksarzt angestellt und ein Betriebskindergarten eingerichtet. KBC beschäftigt zu der

Im Archiv lagern Schätze: alle Musterentwürfe und einige alte Druckstöcke

Die KBC prägt das Stadtbild von Lörrach

Zeit über 1000 Mitarbeiter und ist der größte Arbeitgeber in der Region. Im Ersten Weltkrieg ist französischer Kapitalbesitz im Deutschen Reich verboten. Die Familie Koechlin wird enteignet und die KBC deutsch. Zehn Jahre später geht sie wieder an eine französische Industriegruppe und kommt in den 1970er-Jahren in den Besitz der Pariser DMC Gruppe. In der Nachkriegszeit wird die KBC wieder zur führenden Stoffdruckerei Europas. Der Aufstieg ist stark mit einem Namen verknüpft: mit Hans Unterseh, der als kaufmännischer Lehrling in der Firma anfing und ab 1965 als Vorstandsvorsitzender der Geschäftsleitung die KBC zu einem international operierenden Konzern formt. Als sich ab den 1990er-Jahren die Pariser Zentrale immer stärker in die Geschäfte einmischt, zieht er sich 1995 in den Ruhestand zurück. 1600 Mitarbeiter zählt der Betrieb damals in Lörrach. Vier Jahre später steht das Unternehmen kurz vor dem Konkurs. Aus den Rücklagen sind Schulden geworden, die Belegschaft ist mit nur noch 550 Mitarbeitern auf ein Drittel geschrumpft. In dieser Situation übernimmt die niedersächsische Daun Unternehmungsgruppe die KBC. Eigner Class E. Daun stellt eine Bedingung: Hans Unterseh soll zurückkommen. Und dann beginnt eine Geschichte, die an die Fernsehserie um drei Rentner-Manager, an den „großen Bellheim" erinnert. Der 69-jährige Hans Unterseh kehrt als Vorsitzender des Aufsichtsrates in das Unternehmen

Firmeninfo

KBC (Koechlin, Baumgartner & Cie)

Europas größtes Stoffdruckunternehmen; pro Jahr werden rund 15 Mio. Meter Stoffbahnen bedruckt.

Firmensitz: Lörrach

Gegründet: 1753

Mitarbeiter: rund 450

KBC ist ein eigenständiges Unternehmen der niedersächsischen Daun&Cie-Gruppe

zurück und holt zwei weitere ehemalige Weggefährten aus der früheren Führungsmannschaft aus dem Ruhestand zurück. Die an Erfahrung reiche Rentnergruppe gibt dem maroden Unternehmen neue Hoffnung und gewinnt verloren gegangenes Vertrauen bei den Kunden zurück. Verkauf und Entwicklung werden neu organisiert und man setzt wieder auf die Betriebsführung dezentral vor Ort.

Seit 2001 mit Henri Rowienski als Geschäftsführer nimmt das Unternehmen neuen Aufschwung. Die Daun Gruppe investiert Millionen, die Stadt kauft Flächen und Gebäude aus der Insolvenzmasse, Henri Rowienski modernisiert den Maschinenpark und entwickelt die KBC zum führenden Inkjet-Drucker Europas.

Auch ein weiterer Zweig seit den 1970er-Jahren, die Segeltuchveredelung, wird auf den neuesten Stand gebracht, etwa mit einem eigenen Testlabor für Entwicklungen für die Spitzenklasse der Weltumsegler und internationalen Regatten.

Mit den alten Werten und neuen Techniken schafft es die KBC wieder an die Spitze: hohe Kreativität, gute Qualität, Flexibilität und vor allem Schnelligkeit, um sich in der rasch wechselnden Welt der Mode zu behaupten. Und damit ist KBC eine der wenigen erfolgreichen, überlebenden Traditionsfirmen der Textilindustrie in Südbaden.

Tipp

Stoffdruckmuseum Mulhouse

Das Musterarchiv im alten Kesselhaus der Firma KBC ist einer breiteren Öffentlichkeit nicht zugänglich. Wer sich aber über die elsässische Unternehmerfamilie Koechlin und die Geschichte und Technik des Stoffdrucks informieren möchte, der findet ein reichhaltiges Angebot im „Musée de l'impression sur Etoffes" in Mulhouse. Mit über sechs Millionen erhaltenen Motiven ist das Stoffdruckmusem heute das wichtigste Textilmusterzentrum der Welt. Musterbücher, Tagesdecken, Schals, Stoffproben geben sinnliche Einblicke in die Mode und Drucktechnik der jeweiligen Zeit.

Musée de l'impression sur Etoffes
14 Rue Jean-Jacques Henner
68100 Mulhouse
Tel.: 0033/0389468300
E-Mail: accueil@musee-impression.com
www.musee-impression.com

Öffnungszeiten:
Täglich, außer Mo 10–12 Uhr und 14–18 Uhr

Das Label „Merz beim Schwanen“ aus Tailfingen

Ein schwäbisches Unterhemd macht Weltkarriere

Wie wird ein einfaches Arbeiterunterhemd zu einem weltweit gefragten Modeartikel? Dahinter steckt eine unglaubliche Geschichte, die zwei ganz gegensätzliche Männer über ihre Leidenschaft für ausrangierte Schätze zusammenführt: den Berliner Modedesigner Peter Plotnicki und den Tailfinger Liebhaber alter Textilmaschinen Rudi Loder. Daraus entsteht ein Markenartikel mit dem Label „Merz beim Schwanen“. Das Knopfleistenunterhemd von der Schwäbischen Alb wird inzwischen weltweit in den hippen Läden verkauft, darunter in Berlin, Los Angeles und Tokio.

Beim Stöbern auf dem Berliner Mauerflohmarkt stößt der Vintage-Fan Peter Plotnicki auf ein Textil, das ihn elektrisiert: ein unbenutztes, originales Arbeiterunterhemd aus den 1920er-Jahren, aus schwerer Baumwolle, rundgestrickt, ohne störende Nähte, die scheuern, mit Knopfleisten und

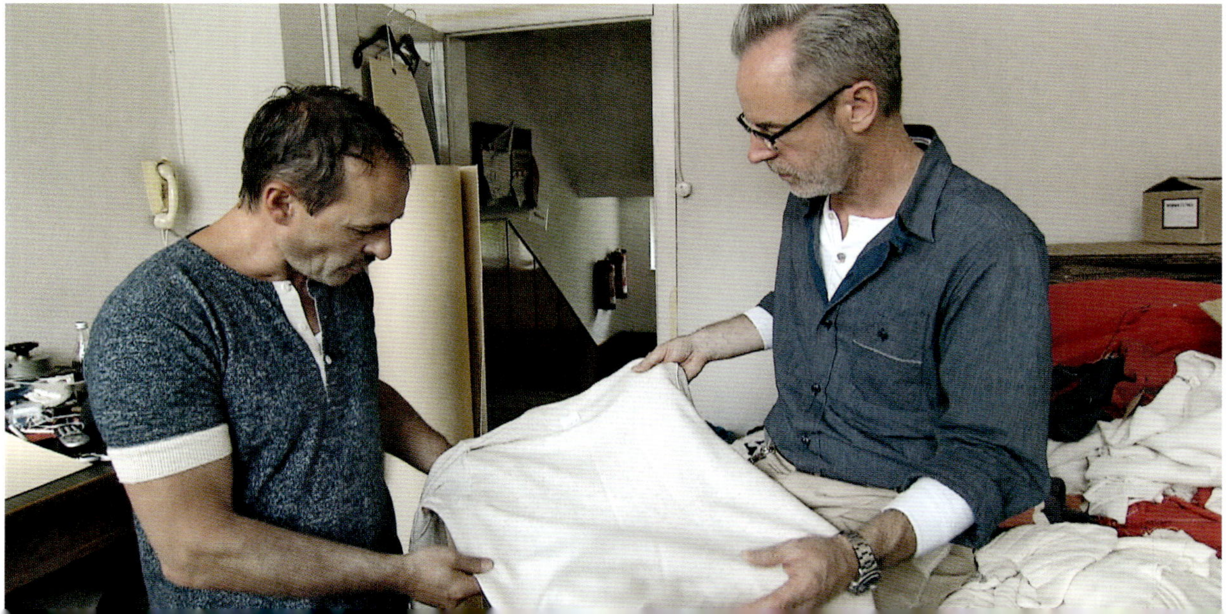

Gemeinsam erfolgreich: der schwäbische Textiler Rudi Loder (links) und der Berliner Designer Peter Plotnicki (rechts)

einem doppelten Nackeneinsatz als Schweißbremse. Schnitt, Material und Machart faszinieren den gelernten Herrenschneider. Die Suche nach der Herkunft führt ihn nach Tailfingen, einem Ortsteil von Albstadt auf der Schwäbischen Alb. Dort in der ehemaligen Textilhochburg trifft er auf Rudi Loder, einen der wenigen, der in Albstadt noch von der Textilherstellung lebt. Seit er 2008 die dortige Firma Gota samt ihrem alten Maschinenpark übernahm, produziert er konventionelle Unterwäsche für Krämermärkte und Discounter. In der Nähe sind noch die Gebäude des einstigen Hemdenherstellers Merz, der sich „Merz beim Schwanen" nannte, weil die Fabrik neben dem Gasthaus „Schwanen" stand. Bei einem Streifzug durch den Keller stößt Rudi Loder auf Stapel von alten Arbeiterunterhemden, „alles kleine Größen", erzählt er, „die Sachen hätte ich hier auf der Alb an niemand verkaufen können". Deshalb verschenkt er sie an einen Kleiderhändler und so landen sie auf dem Berliner Mauerflohmarkt und ein Exemplar bei Peter Plotniki. Der sucht schon seit geraumer Zeit nach einer Idee für ein eigenes Modelabel. „Es war Liebe auf den ersten Blick. Nach einiger Zeit kam dann der extreme Wunsch auf, solche Sachen zu machen", erinnert er sich. Plotnicki fährt nach Tailfingen und trifft dort auf einen zunächst skeptischen Rudi Loder. Ein altes Unterhemd nachbauen, für rund 100 Euro Verkaufspreis? „Die meisten Leute, die ich kenne, die würden das nie anziehen, aber Peter hat gesagt, in Berlin da gibt es viele Leute, die suchen so was."

Jetzt bewährt sich, dass Rudi Loder seit Jahren alte Rundstrickmaschinen sammelt. Die jüngste stammt aus den 1960er-Jahren, die älteste ist über 100 Jahre alt. Technische Wunderwerke, nur – es kann sie keiner mehr bedienen. Fast niemand. Ein Rentner ist der

Die alten Textilmaschinen wurden reaktiviert

Und sie laufen immer noch:
Wunderwerke der Mechanik

Retter in der Not. Bernhard Bosch ist einer der wenigen, der sich mit den museumsreifen Stücken noch auskennt. Rudi Loder holt ihn aus dem Ruhestand. Wenn man ihm zuschaut, wird klar, warum so ein Hemd heute zwischen 70 und 200 Euro kostet. Das Ergebnis von Produktqualität und Handarbeit verbunden mit einer ursprünglichen Geschichte ist seinen Preis wert, ist Peter Plotnicki überzeugt. Verwendet wird nur beste Biobaumwolle. Das Einrichten der Maschinen ist echte Tüftelarbeit. Knapp eine Minute braucht Bernhard Bosch, um den Faden an einer Maschine einzufädeln. Für ein optimales Maschenbild muss jede Nadel und jedes Rädchen exakt aufeinander abgestimmt sein. „Die Einstellerei ist etwas schwieriger, weil ja alles nur nach Gefühl geht, man hat keine Skalen an der Maschine, da muss man einfach schauen und probieren und irgendwann, wenn man Glück hat, funktioniert's." Mittlerweile hat er einen jüngeren Mechaniker eingearbeitet. Ältere Dorfbewohner bieten Ersatzteile für die alten Maschinen an, die sie zur Erinnerung aufgehoben hatten.

Auf den Rundstrickmaschinen entstehen die nahtlosen Stoffschläuche. Mittlerweile hat Peter Plotnicki die Hemden leicht für heutige Bedürfnisse modifiziert. Das einstige Unterhemd wird nun als Oberteil getragen. Da muss es einwandfrei sitzen. An der

Achsel dürfen sich keine Falten bilden. Farbe ist dazugekommen und eine Damenkollektion, dazu Hosen und Sweatshirts.

Das Retro-Unterhemd knüpft an die große Vergangenheit der Region Albstadt als Textilhochburg auf der Schwäbischen Alb an. Weil auf den steinigen Böden früher kaum Ackerbau möglich war, setzten die Bauern auf Schafzucht und Wolle. Um 1850 verteilte die Regierung handbetriebene Strickmaschinen. 1911 wird die Firma „Merz beim Schwanen" gegründet und spezialisiert sich auf die Herstellung von Hemden. Die Maschenindustrie boomt. Sie bietet Arbeitsplätze und sichert der Region einen gewissen Wohlstand. Dann kommt der Preisdruck. Viele Hersteller wandern in Billiglohnländer aus. Mitte der 1990er-Jahre müssen die meisten Firmen schließen. Die klassische Textilproduktion spielt in der Region kaum mehr eine Rolle.

Firmeninfo

Firma Gota und „Merz beim Schwanen"

Produziert wird das Hemd von der Firma Gota

Firmensitz: Tailfingen

Gründung: 1920, im Jahr 2003 von Rudi Loder übernommen

Mitarbeiter: 12 in Tailfingen; 6 in Berlin

Das Label „Merz beim Schwanen" besitzt Peter Plotnicki in Berlin. Insgesamt ernährt die Renaissance des Hemdes rund 38 Personen, meist in kleinen Familienbetrieben, die mit einzelnen Herstellungsschritten rund um das Hemd betraut sind.

Das Retro-Arbeiterunterhemd ist heute weltweit gefragt

Nur wenige, vor allem die, die sich auf technische Textilien umgestellt haben, überleben.

Natürlich kann das hippe Hemd die Textilhochburg nicht wiederbeleben. Aber es erinnert an die große Tradition und erzählt vom Wert der Handarbeit, des Besonderen und von der Leidenschaft. Und das Unterhemd scheint einige Menschen glücklich zu machen. Der gelernte Metzger Rudi Loder hat wieder Freude an der Arbeit gefunden, nachdem er in den 90er-Jahren nach dem Niedergang der Textilindustrie in Bangladesch Billigklamotten für Discounter produzierte und enttäuscht zurückkam. „Das macht einfach viel mehr Spaß, ein Produkt zu machen, wo man nicht unbedingt auf den Preis achten muss, wo es einfach nur um Qualität und Schönheit geht", erklärt er. Peter Plotnicki hat mit dem Hemd sein Label und seine Berufung gefunden.

In 13 Ländern wird es mittlerweile verkauft. „Merz beim Schwanen ist für mich die Erfüllung eines Lebenstraumes", sagt er, „da steckt für mich extrem viel Herzblut drin."

Alles ist Handarbeit, und alles made auf der Alb. Verarbeitet wird nur beste Biobaumwolle. Keine Massenproduktion, denn die alten Rundstrickmaschinen schaffen pro Tag maximal sechs Kilo. Moderne Strickmaschinen bringen es auf rund 600 Kilo. Weiterverarbeitet werden die Stoffbahnen von kleinen Betrieben in der Nachbarschaft. Rudi Loder fährt die Stoffballen aus, zum Waschen, Bleichen, Färben und Bügeln. In einem anderen Familienunternehmen werden die verschiedenen Modelle der Shirts zugeschnitten und genäht. Dann wird von Hand das eigens gestickte Label „Merz beim Schwanen" angebracht und schließlich werden die Kleidungsstücke sorgsam Stück für Stück einzeln in Kartons verpackt samt einem Beipackzettel, der die Geschichte erzählt.

Inzwischen hat sich herumgesprochen, dass in Albstadt etwas ganz Besonderes entsteht. Ein Durchbruch war die Aufnahme der Kollektion in den Edelversand Manufactum. Aber auch Kunden von weither besuchen die wiederauferstandene Manufaktur. Das ist Nähkunst, schwärmen Kenner, wenn sie den schweren Stoff und die aufwändig verarbeiteten Nähte begutachten. Mittlerweile beschäftigt das kleine Unternehmen zwölf Menschen in Albstadt und sechs am Firmensitz in Berlin. Und auch die Tailfinger sind nach anfänglicher Skepsis stolz auf die kleine Manufaktur. Sie kann zwar nicht der Textilbranche auf der Schwäbischen Alb zu altem Glanz verhelfen, aber sie erinnert an die große Vergangenheit und hat eine eigene Zukunft. Und sie erzählt davon, dass es sich lohnt, Träume zu haben, und manchmal lassen sie sich auch ein Stück weit verwirklichen.

Mit Liebe zum Detail: vom gestickten Label bis hin zur Verpackung

Tipp

Maschenmuseum in Albstadt

Vor allem die Entwicklung von Trikotagen und Unterwäsche und der Textilindustrie von 1750 bis heute auf der Schwäbischen Alb ist im Maschenmuseum in Tailfingen, einem Stadtteil von Albstadt, zu sehen. Am Traditionsstandort in der Region Zollernalb wurde es 1996 gegründet und in den Gebäuden einer ehemaligen Textilmaschinenfabrik untergebracht. Es gibt den Besuchern ein Gespür für die früheren Arbeitsbedingungen. Neben reichhaltigen Beständen vor allem an gewirkter und gestrickter Unterwäsche beeindrucken vor allem die alten Maschinen wie Rundwirkstühle und Strickmaschinen. Ehemalige Mitarbeiter in der Textilindustrie haben sie aufwändig restauriert und wieder zum Laufen gebracht. Regelmäßige Vorführungen geben Einblick in die Produktionsweise.

Maschenmuseum
Wasenstraße 10
72461 Albstadt
Tel.: 07431/160-1485 oder 160-1204
www.albstadt.de/museen/maschenmuseum

Öffnungszeiten:
Mi, Sa, So und Feiertage 14–17 Uhr
Eintritt: 2 €, ermäßigt: 1 €

Die Agentur Milla & Partner in Stuttgart

Die Erlebnismacher

Aufsehenerregend: die interaktive Kugel im deutschen Pavillon auf der EXPO in Schanghai 2010

Sie sorgen für Staunen – selbst in Schanghai. Die interaktive große Kugel, die auf Sprache reagiert, bleibt im Gedächtnis. Der deutsche Pavillon auf der EXPO 2010 in China gewinnt damit den ersten Preis. Ausgedacht hatte sich diese überdimensionale „Spielkugel" die Stuttgarter Agentur Milla & Partner, eine der erfolgreichsten Agenturen Deutschlands. Die spektakulären EXPO-Pavillons sind fast so etwas wie ein Markenzeichen geworden. Mittlerweile hat die Agentur Milla & Partner bei vier Weltausstellungen für Aufmerksamkeit gesorgt. Nach Lissabon, Hannover, Schanghai nun jüngst 2015 in Mailand. Dort verwandelten die Kommunikations-Spezialisten Alltagsgegenstände in interaktive Medien: Ein Pappendeckel wird zum Steuergerät und ein Regenschirm zum Bildschirm. Je nachdem, in welcher Ebene sich das Steuerungsgerät befindet, wie hoch oder nieder es gehalten wird, tauchen ganz unterschiedliche Texte und Bilder darauf auf. Eine Kamera erkennt über Punkte, die auf den Regenschirm oder den Pappendeckel geklebt sind, wo genau im Raum er sich befindet. So können die Informationen und Bilder präzise darauf projiziert werden. „Wir versuchen in unseren Ausstellungen, die Besucher auf ungewöhnliche und überraschende Art zu aktivieren, und das oft durch den Einsatz ganz neuer, faszinierender Technik", erklärt Peter Redlin, Geschäftsführer und Partner von Johannes Milla. „Viele dieser partizipativen und oft sehr spielerischen Momente sind Entwicklungen aus unserem Innovationslabor, die wir in vielen Testläufen auf ihre Alltagstauglichkeit erproben."

Gemeinsam mit einem Architekturbüro und einem Bauunternehmen hat die Agentur das EXPO-Motto 2015 für den deutschen Pavillon in Erlebnisse und Emotionen übersetzt: „Feeding The Planet, Energy For Life – Die Welt ernähren. Energie für das Leben". Ein abstraktes Thema. Und wie setzt man das so um, dass selbst Kinder daran Spaß haben? Mit einem Tier, das positive Gefühle weckt. Das Ergebnis: Zwei Bienenaugen schweben über die Köpfe der Besucher in der Show und zeigen in einer Projektion, was das Insekt im Flug sieht: Wiesen und Wälder, Gärten und Stadtlandschaften. Die Besucher schaffen dabei selbst den Soundtrack für die Live-Show.

Die beiden Geschäftsführer: Peter Redlin (Bild links) und Johannes Milla (Bild oben)

„Wir schaffen Räume der Fantasie, Räume des Erlebens, Räume der Erkenntnis, Räume der Inspiration", erklärt Johannes

Der deutsche Pavillon auf der EXPO 2015 in Mailand: Sinnlich erlebbar wird das Motto „Die Welt ernähren" erzählt

Milla, was er und seine Mitarbeiter so machen. Oder anders ausgedrückt: Die Agentur Milla & Partner inszeniert Räume und macht sie zum Gesprächsstoff. Wenn so ein Großauftrag wie zur Expo hereinkommt, tüfteln in der Agentur Architekten und Dramaturgen, Kommunikations- und Mediengestalter, Programmierer, Produktdesigner und Ingenieure daran, wie aus einer Idee ein Konzept wird. Sie überlegen, wie aus nüchternen Informationen sinnliche Erlebnisse werden, wie Gefühle geweckt werden können und was es braucht, damit uns Ausstellungsräume und Themen bewegen und in Erinnerung bleiben. Mehr als 30 Mitarbeiter waren über drei Jahre mit dem Großprojekt EXPO, der Inszenierung, den Exponaten, der Interaktion sowie den Grafiken und Animationen dafür beschäftigt. Was sind das für Menschen, die die Besucher die Zeit vergessen lassen und sie dazu bringen, sich mit ernsthaften Dingen spielerisch auseinanderzusetzen?

Namensgeber der Agentur ist Johannes Milla, der sie 1989 gründete. Der studierte Theater- und Sprachwissenschaftler kam über das Theater, über Modeschauen und Produktshows zu seinem Metier. Heute ist er Präsidiumsmitglied des Art-Director-Clubs von Deutschland und führt gemein-

Firmeninfo

Agentur Milla & Partner

Eine der erfolgreichsten Agenturen Deutschlands

Die Kommunikationsspezialisten gestalten Messe-Präsentationen und machen Ausstellungen zum Erlebnis.

Stammsitz in Stuttgart, Dependance in Berlin

Mit Lissabon, Hannover, Schanghai und Mailand bereits auf vier Weltausstellungen vertreten

Gründung: 1989

Rund 80 Mitarbeiter

sam mit Peter Redlin den mittelständischen Kreativ-Betrieb mit über 80 Mitarbeitern im Stuttgarter Heusteigviertel und einem zweiten Standort in Berlin. Sein Erfolgsgeheimnis? „Wichtig ist es, eine Agentur als lernendes System zu begreifen und deshalb keine Angst vor Fehlern zu haben", erklärt er souverän. „Ein weiterer wichtiger Punkt ist, sich mit Menschen zu umgeben, die viel besser sind, als man selbst. Jede Woche lerne ich neue Dinge von Mitarbeitern."

Fruchtbare Zusammenarbeit von Agentur und Nonnen: Der Figurenschatz von Kloster Bonlanden wurde zu Geschichten arrangiert

Mit der Inszenierung temporärer Großereignisse hat sich die Agentur einen Namen gemacht. Sei es mit den EXPO Auftritten, dem Bürgerfest in Stuttgart zum Tag der Deutschen Einheit oder auch mit Messe-Präsentationen für große Firmen wie etwa Bosch, Mercedes, adidas.

Die Erzeugnisse der Agentur sind meist flüchtig: ein Eindruck, ein Ereignis, ein Event. Doch manches bleibt, vor allem die Dauerausstellungen. Etwa das Vulkanmuseum in der Eifel bei Mendig, das einen Vulkanausbruch miterleben lässt, oder das Steiff-Museum in Giengen, das die Welt der Stofftiere zum Leben erweckt. Am Modell erklärt Johannes Milla, wie aus einer Idee ein Erlebnisraum wird. Der Steiff-Knopf im Ohr lieferte die Vorlage für den runden

Das interaktive Denkmal zur Deutschen Einheit am Schinkelplatz in Berlin soll 2017 fertig sein

Grundriss des Gebäudes. In der Nähstube führt ein sprechendes Buch in die Geschichte von Margarete Steiff ein, und in der Ideen-Werkstatt ihres Neffen Richard bewegt sich plötzlich der Boden wie von Geisterhand gezogen in die Lüfte und die Besucher durchstoßen mit einem magischen Fahrstuhl die Wolkendecke und landen in der Teddywelt.

Diese Zeitreise in das Steiff'sche Zauberland bringt die Nonnen aus dem Kloster Bonlanden bei Biberach bei einem Ausflug nach Giengen auf die Idee, ob nicht die Agentur Milla & Partner auch ihre barocken Krippenfiguren besucherattraktiv präsentieren könnte. „Wir hatten diese Figuren, aber wir hatten immer den Eindruck, sie kommen nicht richtig an bei den Menschen. Sie verstehen einfach nicht mehr, was wir da darstellen wollen", erklärt Schwester Witburga, wie es zu dem Auftrag kam: „Weil es uns wichtig ist, dass die Menschen es verstehen, haben wir gedacht, die können auch unser Anliegen übersetzen."

Zuerst verblüfft die Anfrage der Franziskanerinnen die Mitarbeiter der Agentur. Dann sind sie über die klaren und professionellen Vorstellungen überrascht. Die Betriebswirtin Birgit Frey hat das Projekt 2006 geleitet: „Die haben so eine unglaubliche Begeisterung entgegengebracht“, denkt sie immer noch gerne an die Zusammenarbeit mit den Nonnen zurück. Einzige Besonderheit dem Habit geschuldet: „Innerlich war ich schon etwas vorsichtiger in meiner Wortwahl, weil ich auch einen gewissen Respekt vor diesen Kundinnen hatte.“ Mit viel Fingerspitzengefühl machen sich die Ausstellungs-Spezialisten daran, die über 300 Krippenfiguren im ehemaligen Ökonomiegebäude des Klosters ins rechte Licht zu rücken und sie so zu inszenieren, dass sie Geschichten erzählen. Für die Figuren wird eine eigene Landschaft geschaffen, die zur biblischen Geschichte passt und zugleich an die Region des Klosters erinnert – das Heilige Land mit Allgäuer Anklängen. Seither kommen die Besuchergruppen das ganze Jahr über und nicht nur im Advent. Und umgekehrt lassen es sich die Nonnen nicht nehmen, Ausflüge bis nach Mailand zu machen, um die weitere Arbeit von Johannes Milla und Peter Redlin und ihrem Team auch auf der EXPO zu verfolgen.

Die Agentur Milla & Partner arbeitet jedes Jahr an mehr als 30 verschiedenen Projekten, über 1100 sind es bislang in den 26 Jahren des Bestehens, 78 davon bekamen renommierte Auszeichnungen.

Jüngstes Projekt: ein Denkmal zur Deutschen Einheit in Berlin, das 2017 fertig sein soll. Die Grundidee ist, dass das Denkmal die Menschen veranlassen soll, etwas zu tun. Das Modell verdeutlicht, wie es einmal aussehen wird: eine Schale mit 50 Metern Spannweite auf einem Sockel. Johannes Milla erklärt, wie es funktionieren soll: „Wenn 30 Menschen mehr auf der einen Seite als auf der anderen Seite stehen, beginnt es ganz langsam sich zu bewegen. Damit das Denkmal sich bewegt, muss also jemand ein Herz fassen und die Initiative ergreifen und fremde Menschen ansprechen und das ist das Wesen jeder friedlichen Revolution.“ Auch hier wird aus einer Idee ein Erlebnisraum und zugleich drückt es das Motto von Johannes Milla und seiner Agentur aus: Nur wer aktiv wird, kann etwas bewegen.

Das Modell zeigt das Prinzip: Nur gemeinsam lässt sich was bewegen

Die Filmfirma Pixomondo in Stuttgart

Aus Daten werden Drachen

Christoph Malessa (links) ist der Stuttgarter Chef, Jan Fiedler (rechts) zeichnet für die wirtschaftliche Seite

Sie zaubern aus Daten feuerspeiende Drachen, riesige Saurier oder gar einen Pariser Bahnhof der Jahrhundertwende inklusive einer dampfenden Lok, die durch das Gebäude bricht. Das Paris des 19. Jahrhunderts wirkt so wahrhaftig, als ob damals schon Filmemacher das bunte Treiben auf den Straßen festgehalten hätten. Und doch ist es eine einzige Täuschung – am Computer erbaut. Die Illusionen für den Hollywoodfilm wurden mit in Stuttgart produziert. Und erzielten den Sensationserfolg 2012: ein Oscar für Pixomondo für die innovativen Effekte in Martin Scorseses Abenteuerfilm um den kleinen Jungen „Hugo Cabret".

Die Filmfirma Pixomondo hat sich auf visuelle Effekte spezialisiert. Der Name ist Programm. Die Firma bewegt sich in der

Welt der Pixels, der kleinen Bildpunkte. Und das Unternehmen ist international unterwegs, mit Standorten in mehreren Ländern. Eine namhafte Niederlassung ist Stuttgart. Pixomondo ist mittlerweile zusätzlich preisgekrönt mit drei „Emmys", der international wichtigsten Auszeichnung im Fernsehbereich. Sie gab es für die täuschend echten Drachen bei der amerikanischen Fernsehserie „Game of Thrones". Eine Statue steht im Regal des Fabrik-Lofts im Stuttgarter Osten. „Das ist natürlich schon was Besonderes in Los Angeles", ist Jan Fiedler noch heute von der Preisverleihung beeindruckt: „Man wird mit einer Limousine abgeholt und kann dann über den roten Teppich laufen." Jan Fiedler bringt Aufwand und Kosten in Einklang, Christoph Malessa, der Stuttgarter Chef, zieht die Aufträge an Land und Thilo Ewers ist der kreative Kopf im Führungs-Trio.

„Game of Thrones" gilt in der Branche als die beste Fantasy-Serie der Welt – ein gewaltiges Epos um kühne Krieger, schöne Frauen und gefährliche Drachen. Pixomondo hat mehrere Staffeln betreut und aufsehenerregende Bilder geschaffen. Hauptaufgabe war, die Drachen zum Leben zu erwecken. Die Pixel-Spezialisten mussten sich viel einfallen lassen. Wie bewegt sich etwa ein Wesen, das es gar nicht gibt? Die Macher

Thilo Ewers, der kreative Kopf im Führungstrio

ließen sich schließlich von den Bewegungsabläufen von Hühnern inspirieren. Die ganz große Herausforderung aber war, erklärt Thilo Ewers „dass das Mädchen dem Drachen Ketten anlegt, also die Interaktion zwischen der Schauspielerin und dem Tier, das nicht da ist. Das ist schon so ziemlich das Schwierigste, was man machen kann." Natürlich weiß jedes Kind, dass es keine Drachen gibt, aber sie wirken so echt, dass der Zuschauer in die andere Welt eintaucht. Für Christoph Malessa ist das der beste Beweis für Qualität: „Effekt oder Animation wird immer damit definiert, dass etwas explodiert oder kaputtgeht, aber im Grunde sind die besten Sachen

Vielfach ausgezeichnet: die Fantasy-Serie „Game of Thrones“

die, die der Zuschauer nicht als Effekt wahrnimmt.“ Und was ist der Unterschied zwischen Animation und Visual Effect kurz VFX genannt? „Also, bei Visual Effects ist immer ein Anteil real gedreht“, erklärt Jan Fiedler. „Man bearbeitet ein real gedrehtes Bild. Eine Animation hingegen kann komplett digital sein.“

Beide Arbeitsweisen verlangen enormes technisches Wissen, monatelange Planung und viel Geduld. Am „Making Of“ von „Hugo Cabret“ zeigt Jan Fiedler, wie es geht. Die gewaltige Bahnhofshalle, in der der Zug auf den kleinen Jungen zwischen den Gleisen zurast? Schiere Illusion. Bei den Dreharbeiten kauert der Junge in einem grünen Raum auf dem Boden. Die Gusseisen-Architektur des Jahrhundertwendebahnhofs, die außer Kontrolle geratene Eisenbahn, die erschreckte Menschenmenge, alles am Computer gerechnet und zusammenkomponiert. Für den Film „Hugo Cabret“ hat Pixomondo 854 Einstellungen produziert, Arbeit von acht Monaten. Und dann war keiner vom Stuttgarter Team zur Oscar Verleihung eingeladen. Schlimm? „Ich glaube, die meisten in der Branche sind zufrieden mit sich selber“, erklärt Thilo Ewers die Teamarbeit, „wir sind eigentlich Heinzelmännchen. Bei so einem riesigen Hollywoodfilm sind das

Firmeninfo

Pixomondo Images GmbH & Co. KG

Oscar- und Emmy-preisgekrönte Spezialisten für Visual Effects

Pixomondo wurde 2001 in der Nähe von Frankfurt gegründet. 2005 folgte als erste Tochtergesellschaft der Standort Ludwigsburg, der 2008 nach Stuttgart umzog. Kurze Zeit später folgten weitere Standorte weltweit wie Los Angeles oder Peking. Weltweit beschäftigt Pixomondo rund 400 Mitarbeiter, in Stuttgart meist zwischen 40 und 60, in Stoßzeiten können es aber auch an die 100 sein.

schon mal dreieinhalbtausend Leute, die daran arbeiten". Jeder trägt ein Teil zum Ganzen bei und ist selbst wiederum nur ein Teil. Die Arbeit ist so vernetzt wie auch die Computer. Die elektronische Traumfabrik ist eine junge Branche. 2005 steigt der Stuttgarter Pixomondo-Teil ins Filmgeschäft ein, anfangs noch in Ludwigsburg, nahe der Filmakademie. Insgesamt hat Pixomondo 400 Mitarbeiter in sechs Büros auf allen Kontinenten, davon eins in Hollywood. Auf den Fluren im Stuttgarter Osten geben mehrere Uhren die Zeit an von New York, Los Angeles, Schanghai, London. Die Computer sind miteinander vernetzt. Visual Effects erfordern Rechnerleistung. Zehn Stunden dauert es, ein einziges Bild zu rechnen. Für eine Sekunde Animation braucht man einen ganzen Tag. Deshalb ist das Herzstück auch die Renderfarm. Über 200 Computer laufen dort allein in Stuttgart Tag und Nacht.

Richtig durchgestartet ist Pixomondo Stuttgart mit den ersten animierten Flugszenen für den Fliegerlegenden-Film „Red Baron", mit dem auch Matthias Schweighöfer bekannt wurde. Dann vertraut ihnen der schwäbische Hollywood-Starregisseur Roland Emmerich ein paar Szenen in seinem Umweltkatastrophenszenario „2012" an. Andere große Film-und Fernsehprojekte wie „Der Medicus" oder „Terra X" kommen dazu.

Heute sind die Büros und Computer im kreativen Stuttgarter Osten untergebracht, in einer ehemaligen Textilfabrik, wo einst über 60 Jahre lang die Maschinen der Strickwarenfabrik Kübler standen. Dort hat sich ein Trickfilm- und Animationszentrum

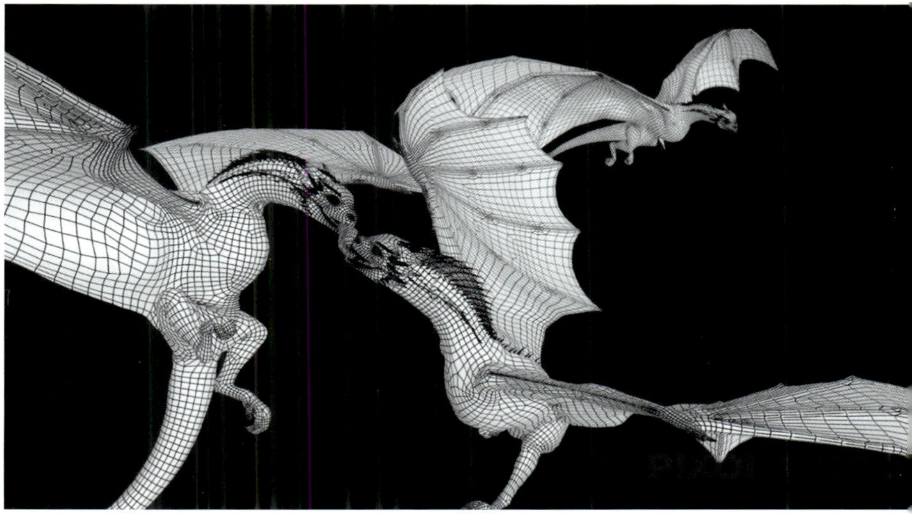

So werden die Drachen lebendig: Punkt für Punkt

Mit dem Oscar prämiert: der Film „Hugo Cabret“

entwickelt. Neben Pixomondo ist das eher klassische Trickfilmstudio „Film Bilder“ angesiedelt, das vor allem mit der Kinder-Fernsehserie „Tom und das Marmeladenbrot“ bekannt geworden ist. Am anderen Ende von Stuttgart, im Westen, haben die „Luxx Studios“ sich mit den visuellen Effekten für Filme wie Wes Andersons „Grand Budapest Hotel“ ebenfalls einen Namen gemacht. „Mark 13“, „Studio Fizbin“ oder etwa „Mackevision Medien Design“ gehören ebenfalls zum Animations-Cluster der Region.

Stuttgart hat sich mittlerweile zu einer Hochburg für Animation und visuelle Effekte entwickelt. Das hat vor allem drei Gründe: Die Filmakademie Baden-Württemberg in Ludwigsburg ist mit ihrem Schwerpunkt im Bereich Animation ein Impulsgeber und liefert qualifizierten Nachwuchs. Umgekehrt arbeiten die Macher gerne mit den Studenten zusammen. Man befruchtet sich gegenseitig. Das jährliche Trickfilmfestival mit FMX in Stuttgart ist eine internationale Leistungsschau und Treffpunkt der Branche geworden, und schließlich fördert die Medienfilmgesellschaft Baden-Württemberg als einzige Filmförderung in Deutschland ganz gezielt die Animationsfilme.

Der Markt für computergenerierte Bilder wächst sprunghaft. Ganze Städte, Landschaften, Szenen werden am Bildschirm erschaffen oder zusammenkomponiert. Aber auch die Konkurrenz wächst weltweit und der Markt ist hart umkämpft. Das Stammhaus musste damit bereits leidvolle Erfahrungen machen und Niederlassungen schließen. Deshalb wollen die Stuttgarter Pixomondo-Macher auch nicht völlig abhängig von der Filmindustrie sein. Sie arbeiten auch für andere Wirtschaftsbereiche – etwa für die Pferdeshow Apassionata. Für sie erstellen sie große Leinwandprojektionen, die als Hintergrund die Reisen in fantastische Welten unterstützen.

Und dann ist da noch ein Auftrag von Kultregisseur Steven Spielberg. „Das ist natürlich toll, an so eine Produktion dranzukommen, das war nicht einfach", ist Christoph Malessa froh über die Unterstützung von Studio Babelsberg und der Medienfilmgesellschaft Baden-Württemberg. Und worum geht es? „Einen Spionagethriller aus den 1960er-Jahren", so viel darf Christoph Malessa bei aller Geheimhaltung verraten. „Und unsere Hauptaufgabe ist es, Berlin und New York in diese Zeit zurückzudrehen und visuell zu erschaffen."

Es ist eine wahre Geschichte aus den Zeiten des Kalten Krieges, und wenn sich Hauptdarsteller Tom Hanks in „Bridge of Spies" durch das Berlin von vor fünfzig Jahren bewegt, dann wird das aussehen wie echt, auch wenn die Hintergründe aus dem Computer stammen.

So entsteht ein Bild: aus realen Einstellungen und visuellen Effekten

Wirkt wie echt: am Computer gerechnet

Die Hohenloher Firmen Scheuerle und Kübler

Spezialisten für Schwertransporte

Sie leben von Übergewicht und Übergrößen, von Großprojekten und Millimeterarbeit. Und – sie leben davon, dass sie Gigantisches auf abenteuerlichen Wegen und Weisen transportieren. Nur wenige Kilometer voneinander entfernt sind in Hohenlohe zwei weltweit agierende Unternehmen eng miteinander verknüpft: Die Firma Scheuerle in Pfedelbach stellt für viele Kunden in nah und fern Schwerlasttransporter her, und die Spedition Kübler in Michelfeld ist eines der führenden Schwertransportunternehmen in Deutschland. Schon als Modell im Miniaturformat sind die Fahrzeuge ein Renner. In Echt nötigen sie mit ihrer geballten Kraft und ihren riesigen Ausmaßen einfach Respekt ab.

Die Spedition Kübler ist seit 35 Jahren Großkunde beim Nachbarn Scheuerle. Über 100 Achslinien besitzt sie mittlerweile. Was das bedeutet und was hinter den Parkverbotsschildern mit der Ankündigung „Achtung Schwertransport" steckt, begreift man erst, wenn man einmal so einen nächtlichen Großeinsatz miterlebt hat.

Mit der „Seegold“ über die Schwäbische Alb – Schiffstransport bei Nacht

Auf dem Weg zum Wolgastausee: Millimeterarbeit und starke Nerven

Auf einem 20-achsigen Scheuerle-Transporter wird im Mai 2015 der Ausflugsdampfer „Seegold" vom Heilbronner Osthafen bis zum Bodensee quer über die Schwäbische Alb in sechs Nächten verfrachtet – ein spektakulärer Schiffstransport, wie er so nicht alle Tage vorkommt. 45 Meter ist das Fahrgastschiff lang, 7,80 Meter breit und 6 Meter hoch. Nachdem am Morgen das Schiff mit seinen 235 Tonnen Gesamtgewicht mittels zweier mobiler Kräne auf den Transporter sachte verladen und festgezurrt wurde, ist der Schwertransportzug gut 60 Meter lang. Wegen der Ausmaße darf er nur nachts unterwegs sein und wegen der Höhe und des Gewichts kann er auch nicht auf der Autobahn fahren, sondern nur auf kleinen Kreis- und Landstraßen. Schon das Austüfteln der Strecke ist eine logistische Meisterleistung. 6 Monate Vorarbeiten für Projektleiter Nicolas Grimm. Alle Punkte wurden zusammen mit Fahrer Frieder Saam mit Laser vermessen. Die Ausmaße des Schiffes wurden durch die engste Stelle der Strecke – im Hohenloher Dorf Unterheinried – bestimmt. „In einer Rechtskurve zwischen den Häusern kommt man eigentlich mit diesen Maßen nicht durch", erklärt Frieder Saam. „Aber dort heben wir hydraulisch den Tieflader auf maximalen Hub an, und dann kommen wir mit der Spitze vom

Transportiert wird alles, was groß und schwer ist

Schiff vorne am Bug über eine historische Sandsteinsäule drüber, die wir natürlich nicht beschädigen dürfen." Und „das ist natürlich alles im Millimeterbereich", weiß er, was in der Nacht auf ihn zukommt.

Dann ist es so weit. Jetzt wird sich zeigen, ob die Planspiele der Praxis standhalten. Nachts um 22 Uhr setzt sich der Konvoi vom Heilbronner Osthafen durch die nächtliche Innenstadt in Bewegung. Schwerlastkraftfahrer Frieder Saam fährt die Zugmaschine. Insgesamt ist das Team 20 Mann stark. Vorweg der Demontagetrupp mit Arbeitsbühne und Kranfahrzeug, der unterwegs Ampeln und Laternen abbaut, die Verkehrsinseln und Kreisverkehre mit Matten schützt, damit die Maschinen drüber fahren können. Drei Polizeiautos sichern den Transport vorne und hinten, beruhigen ungeduldige Autofahrer. Manch Heilbronner, der schlaftrunken aus dem Fenster schaut, reibt sich die Augen, als er das Schiff durch die Straßen fahren sieht, und mag über seinen Alkoholkonsum des letzten Abends nachdenken. Andere haben die Route ausfindig gemacht und warten auf Klappstühlen auf das Spektakel. Dann – in der engen Burenstraße stockt erst mal alles. Die Bäume sind seit der letzten Begehung gehörig gewachsen. Etliche Äste müssen abgesägt werden. Weitere Probleme machen die Autos im Halteverbot. Bei einigen können die Besitzer herausgeklingelt werden, andere müssen abgeschleppt werden. Viele aber bewahrt das stabile Nervenkostüm des Teams und die ausgefeilte Technik vor größerem Ungemach. Einige Zentimeter Höhenunterschied können

die Hydraulikachsen einzeln ausgleichen. Millimeterscharf und mit viel Augenmaß gleitet der Schiffsrumpf über die Autodächer hinweg.

Fahrzeuge mit hydraulisch abgestützten Pendelachsen sind eine Spezialität der Firma Scheuerle. Wie Legosteine können zum Beispiel die „Self-Propelled Modular Transporter" (SPMT), die einzelnen Module, immer wieder unterschiedlich zusammengebaut werden. Heute baut die Firma Scheuerle Transportgeräte für alles, was groß und schwer ist. – von der Ölplattform über Raumfahrtmodule und Windrotoren bis zu 89 m langen U-Booten und Bauteilen für Anlagenbau. Beim Bau der selbstangetriebenen Schwerlasttransporter mit hydraulisch abgestützten Pendelachsen ist das Unternehmen Weltmarktführer.

Raumfahrtmodule, Ölplattformen – nichts ist unmöglich

Dabei begann alles mit einer kleinen Schmiede – 1869 von Christian Scheuerle gegründet. Sein Enkel Willi muss ein technisches Genie und ein begnadeter Tüftler gewesen sein. Die neuen Möglichkeiten, die die Automobile bieten, faszinieren ihn. Er wechselt vom Pferd zum Auto und wird zum Pionier in der Entwicklung von Sonderfahrzeugen für den Schwertransport. Seine Entwicklungen aus den 1940er-Jahren sind noch heute die Grundlage vieler moderner Schwerlastfahrzeuge. Der Transport des Felsentempels von Abu Simbel 1960 in Ägypten ist der erste spektakuläre internationale Auftrag. Mehrere Einträge ins Guinness Buch der Rekorde folgen, etwa der Transport einer Öl- und Gasplattform mit einem Gewicht von fast 14 500 Tonnen auf über 2000 Rädern.

Die Gründerfamilie besitzt allerdings die Gigantenschmiede nicht mehr. 1987 übernimmt der Multiunternehmer Otto Rettenmaier aus Heilbronn die Firma und formt zusammen mit der Ulmer Kamag Transporttechnik und der französischen Nicolas Industrie in den darauf folgenden Jahren die TII Group, die Transporter Industry International, die heute Weltmarktführer im Bereich von Fahrzeugen von hydraulisch abgestützten Pendelachsen ist. Tochter Susanne Rettenmaier lenkt die Geschäfte und insofern ist es wieder ein Familienbetrieb.

Der erste internationale Großauftrag: 1960 der Transport der Felsentempel von Abu Simbel in Ägypten

Firmeninfo

Scheuerle Fahrzeugfabrik GmbH

Bau von Sonderfahrzeugen für Schwertransporte; Weltmarktführer beim Bau selbstangetriebener Schwerlasttransporter mit hydraulisch abgestützten Pendelachsen; mehrere Einträge ins Guinness-Buch der Rekorde mit spektakulären Transporten

Firmensitz: Pfedelbach, 70 000 m^2 Firmengelände

Gründung: 1869 durch Christian Scheuerle

Mitarbeiter: 500

Die Firma Scheuerle bildet heute zusammen mit der Ulmer KAMAG Transporttechnik (240 Mitarbeiter) und der französischen NICOLAS Industrie die TII Group (Transporter Industry International).

„Wir machen den Transport machbar", sagt man stolz. 80% der Fahrzeuge gehen in den Export. Zur Schulung aber, wie man die Riesen-Fahrzeuge bewegt, kommen viele Kunden nach Pfedelbach.

Mittlerweile ist die „Seegold" mit ihrem Begleit-Tross im Morgengrauen bei der A 81 angekommen. Das Ausflugsschiff startet seine Laufbahn als Straßen-Kreuzer. Die Pfad-Finder von Kübler schrecken vor nichts zurück: Weil die Unterführung auf der Landstraße zu eng ist, muss bei Untergruppenbach die Autobahn überquert werden. Der Verkehrsfunk weist schon seit einer Stunde auf die Komplettsperrung hin. Die Mittelplanken hat der Voraustrupp bereits am Vortag abgebaut. Die Polizeifahrzeuge sperren die Fahrbahnen ab, und dann geht es ganz zügig mit dem Schiff quer über die Autobahn. Das Team ist eingespielt. Kein lautes Wort stört die Konzentration und nach zehn Minuten ist die Autobahn wieder frei. Vor dem langjährigen Speditionskraftfahrer Frieder Saam und seinen Kollegen liegen jetzt am frühen Morgen noch die engen Kurven und die historische Sandsteinsäule von Unterheinried, der engsten Stelle des Transports.

Die Spedition Kübler transportiert alles: Flugzeuge, Lokomotiven, Schiffe. Viele Ausflugsschiffe müssen zu Binnenseen, meist in malerischer Landschaft, aber mit verwinkelten Zufahrtsstraßen. Und manchmal erleben die Fahrer auch ganz berührende Dinge, wie beim Transport eines Schiffes zum Wolgastausee, über Dörfer in Tschechien: Die Kinder bekamen schulfrei, der Pfarrer segnete das Schiff und der örtliche Gesangverein brachte ein Ständchen.

Auch die Firma Kübler fängt ebenso wie der Nachbar Scheuerle mit einem Ein-Mann-Betrieb an, allerdings etwas später. 1930 gründet Karl Kübler in Gelbingen, einem Ortsteil von Schwäbisch Hall, sein Fuhrunternehmen. Er transportiert Baustoffe, Schüttgut und Lebensmittel. Nach den schwierigen Zeiten während des Zweiten Weltkrieges stellt er sich nach Kriegsende aus Wehrmachtsbeständen wieder einen Fuhrpark zusammen. An den Wochenenden fährt er auch mal den Gesangverein umher, erinnert sich Heinz Rößler, der den Familienbetrieb zusammen mit seiner Frau Hanne, der Enkelin des Firmengründers, in dritter Generation führt. Mittlerweile zählt die Firmengeschichte viele legendäre Transporte: den kompletten Jumbo-Jet, den französischen Überschallflieger Concorde oder sein russisches Ebenbild, die Tupolew. Sie alle wurden unter abenteuerlichen Umständen, aber mit exakter Planung ins Technikmuseum nach Sinsheim oder zur Zweigstelle nach Speyer gebracht. Und an allen Transporten ist der langjährige Schwerlastkraftfahrer Frieder Saam, der mit seinem Laster fast verwachsen scheint, beteiligt.

2004 dann einer der schwierigsten Transporte der Firmengeschichte, natürlich mit Transportern von Scheuerle: die fünf Module des Testflugzeugs Airbus A380 müssen für die Materialtests nach Dresden gebracht werden. Der Airbus soll das größte Passagierflugzeug der Welt werden. Vom erfolgreichen Ausgang der fünf Transporte hängen der rechtzeitige Start der Testreihen und damit der Terminplan für die komplette Entwicklung und Produktion aller bis dahin bestellten Flugzeuge ab. Würde auch nur eine der fünf Testzellen beim Transport beschädigt, würde sich alles um Monate verschieben und es entstünden so hohe Kosten, dass keine Versicherung dieses Risiko abdecken will.

Heinz Rößler wagt den Auftrag. Mittels CAD Zeichnungen werden alle Durchfahrten simuliert und mit dem geballten technischen Wissen unorthodoxe Lösungen ausgetüftelt.

Giganten transportieren Giganten: geballte Kraft und riesige Ausmaße

Technische Spitzenleistung: Jede Achse lässt sich einzeln steuern

Der längste Transport geht mit dem Schiff über die Elbe. Das eigentliche Problem aber ist die kurze Strecke vom Dresdner Hafen zum Testgelände des Flughafens. An der Autobahnbrücke bei Chemnitz werden Stellflächen geschaffen, damit die Flugzeugteile direkt mit einem Riesenkran vom Elbschiff auf Tieflader auf der gesperrten Autobahn gehoben werden können. Damit das Schiff nahe genug herankommt, wird zuvor extra eine Rinne in der Elbe ausgebaggert. Für die wuchtigen, teils 10 Meter hohen Teile werden zwei Tieflader von Scheuerle nebeneinander gekoppelt. Insgesamt sind 48 Achsen im Einsatz. Ganze Straßenzüge werden mit Fahrplatten neu angelegt, weil viele Wege zu schmal für die 6,30 m breite Spurweite der Tieflader sind. An zwei Wochenenden werden nachts alle 5 Teile verladen. Das Abschlussfoto des Teams zeigt die Erschöpfung, aber auch die große Erleichterung darüber, dass alle Segmente ohne Kratzer abgeliefert wurden.

2010 schließlich sind Firma und Fuhrpark so gewachsen, dass Kübler ein paar Kilometer weiter an den Ortsrand von Michelfeld umzieht. Und wo ist die Grenze der Größe? Für die beiden Firmen Kübler und Scheuerle ist nach oben hin offen, was an Gewicht transportiert werden kann. Die Industrie baut immer größere Anlagen, vor allem bei Öl- und Gasanlagen geht die Entwicklung steil nach oben.

Und die „Seegold"? Die schwimmt nach sieben Transport-Nächten über die Schwäbische Alb im Bodensee und wartet auf Passagiere – eine Nacht mehr als geplant. Die über 100 falsch geparkten Autos in Heilbronn in der ersten Nacht haben den ganzen Zeitplan durcheinander gebracht, aber wie sagt Heinz Rößler: „Wichtig ist ein gutes Team, das auch auf Unvorhergesehenes reagieren kann."

Firmeninfo

Spedition Kübler GmbH

Weltweite Schwerlastlogistik auf Straße, Schiene, Wasser und in der Luft mit eigenem Schwerguthafen in Mannheim: Schwertransporte auch von Schiffen und Flugzeugen

Firmensitz: Michelfeld-Erlin

Gründung: 1930 durch Karl Kübler; Familienunternehmen in 3. Generation: Hanne (geb. Kübler) und Heinz Rößler

Mitarbeiter: Knapp über 100 in den Niederlassungen Mannheim und der Tochterfirma Kübler und Setzer in Siegen

Rund 2000 Transporte im Jahr, davon 60% genehmigungspflichtige Schwertransporte

Tipp

Auto- und Technikmuseum Sinsheim und Technik Museum Speyer

Etliche der spektakulären Schwertransporte sind in den beiden Technikmuseen zu besichtigen. In Sinsheim ist der französische Überschallflieger Concorde und sein russisches Pendant, die Tupolew, zu sehen. Das 1981 eröffnete Auto- und Technikmuseum präsentiert Hunderte von Oldtimern, Motorräder, Flugzeuge, Maschinen und Traktoren, historische Rennwagen, Lokomotiven. Ein weiterer Schwerpunkt ist die Militärgeschichte. In der Zweigstelle Speyer ist Europas größte Raumfahrtausstellung mit dem russischen Spaceshuttle Buran. Daneben sind eine begehbare Boeing 747 sowie ein Original-U-Boot zu sehen. Neben Oldtimern, Schiffen, Lokomotiven, Feuerwehrfahrzeugen verfügt das Museum über eine große Sammlung mechanischer Musikinstrumente.

Auto- und Technikmuseum Sinsheim
Museumsplatz, 74889 Sinsheim
Tel.: 07261/9299-0
Eintritt: Kinder bis 5 Jahre: gratis,
Kinder 6–14 Jahre: 15 €, Erwachsene: 19 €

Technik-Museum Speyer
Am Technik Museum 1
67346 Speyer
Tel.: 06232/6708-0
Eintritt: Kinder bis 5 Jahre: gratis,
Kinder 6–14 Jahre: 12 €, Erwachsene: 14 €

Öffnungszeiten: Beide Museen sind ganzjährig geöffnet, wochentags 9–18 Uhr, an Wochenenden und Feiertagen 9–19 Uhr

Die Stofftiere von Steiff aus Giengen

Teddy, Mecki und Co

Die Kuscheltiere begleiten manche durch ihr ganzes Leben. Und manches Mal werden sie noch an die Kinder und Enkel weitervererbt. Auch Friedhelm Steiff, der Großneffe von Firmengründerin Margarete Steiff, hat zu Hause einige Lieblingsstücke aufbewahrt: ein kindsgroßes braunes Pferdchen mit weißer Blesse und einen braunen Teddy auf vier Rädern. „Die haben nicht nur mein Leben begleitet, sondern auch das meiner Kinder, und heute begleiten sie das Leben meiner Enkel", ist er stolz. Und dank eines alten Fotos weiß man auch, wie alt das Pferdchen ist. An Weihnachten 1939 sieht man den kleinen Friedhelm auf dem neuen Pferdle sitzen. Die Gebrauchsspuren zeigen, dass es überallhin mitgenommen wurde, auch nach draußen. „Die Sammler würden natürlich in Ohnmacht fallen", vermutet Friedhelm Steiff, „aber ich lass die Tierle so, wie sie mit mir gealtert sind."

Diese „Tierle" sind für ihn zuvörderst eigene Familiengeschichte, deshalb hat er sie auch nicht in das Steiff-Erlebnismuseum

Das Weihnachtsfoto belegt es: Das Pferdchen gab es schon 1939

gegeben. Dort begegnet man den Lieblingen der Kindheit wieder: Teddy und Mecki, den Löwen und Tigern, den Affen und Giraffen, Zirkus Sarassani und der Arche Noah. Und dort erfährt man auch die Geschichte der Firmengründerin Margarete Steiff.

Es ist die Geschichte einer starken Frau, die mit Eigensinn und Energie ihrem schweren Schicksal trotzt. 1847 wird sie in Giengen an der Brenz geboren. Schon mit eineinhalb Jahren erkrankt sie an Kinderlähmung. Sie kann nicht laufen und den rechten Arm nur eingeschränkt bewegen. Ein Leben in Abgeschiedenheit scheint vorgezeichnet. Margarete aber will an der Welt draußen teilhaben. Mit dem Leiterwagen lässt sie sich von ihren zwei Schwestern und dem Bruder zur Schule fahren. Später macht sie eine Schneiderlehre und näht für die Damen des Ortes. Inzwischen hat sie einen Rollstuhl, der sie mobiler macht. Vom ersten selbstverdienten Geld kauft sie sich eine Nähmaschine. Das Schwungrad lässt sie links anbringen, weil der rechte Arm ja eingeschränkt ist. Bald schon eröffnet sie ihr eigenes Geschäft mit selbstgeschneiderten Kleidungsstücken und Haushaltsartikeln und beschäftigt mehrere Näherinnen.

Kurz vor Weinachten 1879 sieht sie in einem Modejournal ein Schnittmuster für einen kleinen Stoffelefanten. Das scheint

Der Teddybär ist nach wie vor der Renner

ihr die ideale Vorlage für kleine Nadelkissen. Bald schon sind die „Elefäntle“ als Kinderspielzeug beliebt. 1880 gründet sie schließlich ihre eigene Manufaktur – die Geburtsstunde des heutigen Unternehmens. Die Elefanten werden zum Verkaufsschlager. Ihr jüngerer Bruder Fritz verkauft sie auf dem nahen Heidenheimer Wochenmarkt. Weitere Stofftiere folgen.1892 erscheint der erste illustrierte Katalog und zeigt das Sortiment: Zu den Elefanten sind andere Exoten wie Giraffen und Kamele gekommen, aber auch Tiere aus der Umgebung: Esel, Pferde, Hunde, Katzen, Hasen und vieles andere mehr.

Aber der ganz große Durchbruch kommt erst 1902. Margarete Steiffs kreativer Neffe

Filz-Spielwaren-Fabrik.

Firmeninfo

Margarete Steiff GmbH

Zur Steiff Holding gehören heute unterschiedliche Firmen für Stofftiere, Webstoffe, Kinderkleidung und Kinderzubehör sowie Autoventile.

Firmensitz: Giengen an der Brenz

Gründung: 1880

Bekanntestes Produkt: Teddybär

Jahresumsatz: über 100 Mio. € (Steiff-Gruppe)

Richard entwirft einen Bären mit beweglichen Armen und Beinen und mit einem kuscheligen Mohair-Plüschfell, „PB 55", wie er firmenintern nüchtern genannt wird. 3000 Exemplare bestellt gleich ein amerikanischer Händler, als der Bär auf der Leipziger Spielwarenmesse vorgestellt wird. Als Teddy, benannt nach dem Spitznamen des amerikanischen Präsidenten Theodor Roosevelt, und ab 1904 mit dem Markenzeichen „Steiff-Knopf im Ohr" wird das Plüschtier zum Liebling von Kindern und Sammlern.

1907 ist das beeinträchtigte kleine Mädchen von einst, dem alle keine große Zukunft vorhersagten, Chefin einer Weltfirma – mit 400 Mitarbeitern in den neuen Produktionsstätten mit den großen Fenstern und 1800 Heimarbeitern. Fast eine Million Teddybären werden in diesem Jahr produziert und fast noch einmal so viele andere Tiere. Doch Margarete Steiff kann diesen Triumpf nicht lange genießen. Nur zwei Jahre später stirbt sie mit gerade 61 Jahren an einer Lungenentzündung. Die sechs Neffen mit ihren vielfältigen Talenten übernehmen die Führung des Unternehmens und entwickeln die Figuren weiter.

Mit eisernem Willen hat Margarete Steiff vom Rollstuhl aus ein Firmenimperium geschaffen

Heute ist zweimal im Jahr Gesellschafterversammlung. Dort werden die wichtigsten Entscheidungen für die Firma diskutiert und beschlossen. In diesem Gremium, dem wichtigsten Organ der Firma, sind von den 60 Gesellschaftern über neunzig Prozent Nachkommen von Fritz, dem Bruder von Margarete, und dessen Kinder.

Die Steiff Familie ist äußerst kreativ, wenn es um neue Geschäftsfelder geht.

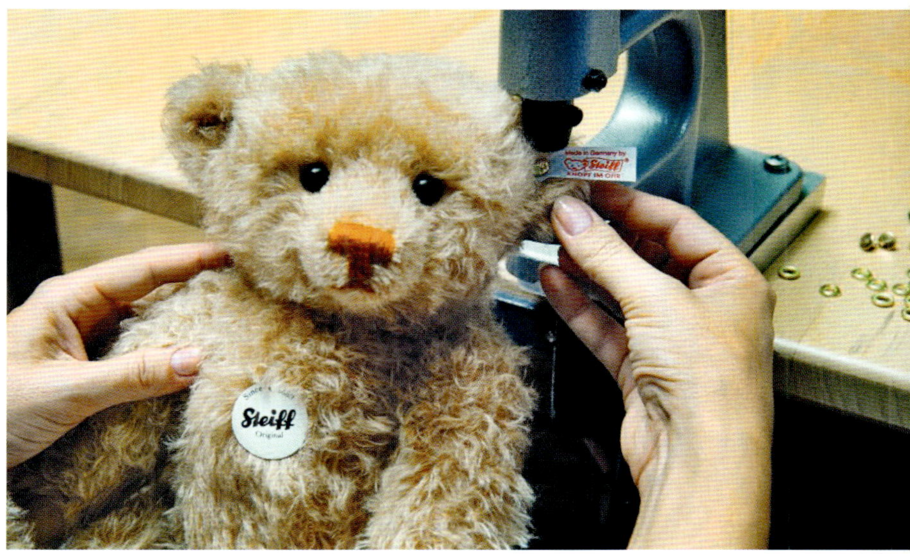

Mit den Knopfaugen wirkt der Teddy fast lebendig

Der Teddy ist nach wie vor das bekannteste Produkt

So bauten sie eine Zeitlang auch Kinderfahrzeuge, unter anderem den „Ruderrenner“, eine Art Radelrutsch. „Das war das Fahrzeug meiner Kindheit“, erzählt Friedhelm Steiff. Es war sein Favorit unter den Kinderfahrzeugen, „weil es eine originelle Konstruktion ist“, und er scheut sich nicht, mit nahezu 80 Jahren den einfachen, aber wirkungsvollen Mechanismus dieser Kinder-Rennmaschine zu demonstrieren.

Ein weiteres Geschäftsfeld hat zwar einen Tiernamen, produziert wird aber etwas ganz

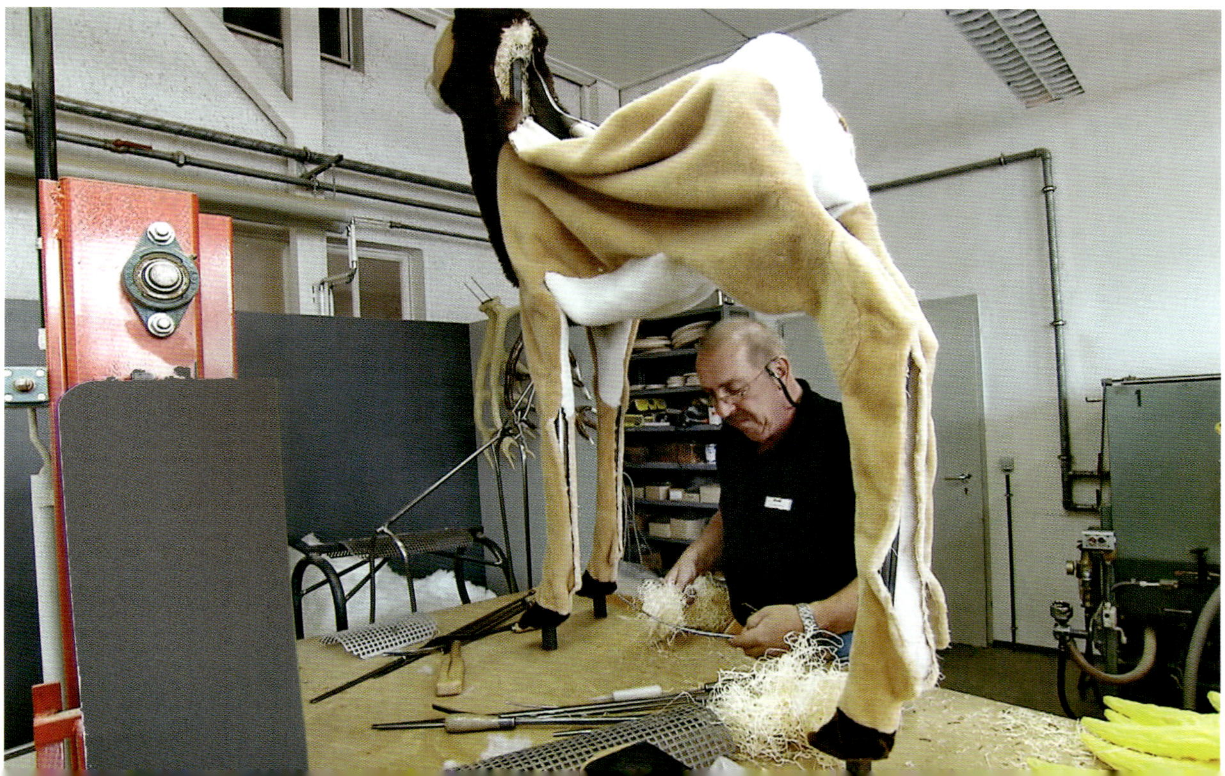

Die großen Tiere sind Einzelanfertigungen

anderes. „Alligator" heißt die Marke, eine hundertprozentige Tochter von Steiff. Dort werden für alle namhaften Autofirmen der Welt Ventile hergestellt. Gegründet wird Alligator 1919, nach dem verlorenen Ersten Weltkrieg. „Mit Deutschland lagen auch die Spielwarenfabrik und die Teddybärenproduktion darnieder. Und es war eine großartige Idee von Richard Steiff zu fragen, was können wir machen, was mit einem Zukunftsmarkt verbunden ist", bewundert Neffe Friedhelm die Weitsicht seines Onkels, auf das Auto zu setzen. Die Ventil-Produktion mit zwei Fabriken – eine in Polen und eine in Giengen an der Brenz – ist das zweite Standbein.

Aber auch im Stammbetrieb wird die Angebotspalette erweitert. Von Teddybären alleine kann die Firma nicht leben. Babyutensilien und Kinderkleidung machen mittlerweile rund 25 Prozent des Umsatzes aus. Geschäftsführer Daniel Barth sieht weiteres Potenzial: „Das Thema Geschenke, die Kombination aus Fashion und Plüschtiere, das sind Bereiche, wo wir vorwärtsgehen und uns entwickeln."

In erster Linie definiert sich aber Steiff als Spielwarenhersteller. Produziert wird in eigenen Firmen in Deutschland und Tunesien. Der kurze Produktionsausflug nach China endet bereits 2008 nach nur vier Jahren. Wenn die Näherinnen nach monatelanger Anlernzeit endlich die komplizierten Schnittmuster beherrschten, blieben sie oft nach dem Neujahrsfest einfach weg. Die erhofften Einsparungen blieben aus.

Am Stammsitz in Giengen, in den hohen hellen Glasbauten, die damals Richard Steiff bauen ließ, damit sich die Näherinnen nicht die Augen verdarben, sind heute die Werkstätten untergebracht. Dort werden die Muster entworfen und neue Bärengenerationen

Wichtig zum Knuddeln: weiches Fell und freundlicher Gesichtsausdruck

Friedhelm Steiff, der Großneffe von Margarete Steiff (links), demonstriert immer noch gern den Ruderrenner. Geschäftsführer ist heute Daniel Barth (rechts)

getestet. Dabei, so erklärt Geschäftsführer Daniel Barth, das Erfolgsgeheimnis, „muss jedes Produkt natürlich das Kindchenschema ausstrahlen. Selbst die ernsthaften Sammler wollen erstmal als Kind angesprochen werden."

Neben den Mustern entstehen in den Werkstätten die Großtiere – alles Handarbeit. Ein Teil wandert ins hauseigene Museum, andere werden für Marketingzwecke eingesetzt oder für Liebhaber als Einzelauftrag gefertigt. Ein Kunde etwa hat eine große Elefantengruppe im Wintergarten stehen. Mit Holzwolle wird an einem Arbeitsplatz ein Pferd ausgestopft, das übermannsgroße Kamel daneben bekommt gerade sein Gesicht. „Es ist für uns immer sehr wichtig, dass die Tiere freundlich schauen", erklärt der Handwerker. „Die hochgezogenen Mundwinkel, da kommt nachher noch so ein Lachschatten hinten hin mit der anderen Farbe. Und die Augen müssen einfach freundlich gucken" und zu dem zotteligen braunen Bären, der in Originalgröße dahinter steht, gewandt: „Das ist ganz wichtig, dass selbst ein böser Bär nachher noch grinst." Und sein Nachbar erklärt das wirkliche Geheimnis der Stofftiere: „Es steckt halt schon viel Liebe in jedem Stück."

Tipp

Steiff Museum

Das Erlebnismuseum, das von der Agentur Milla & Partner (siehe Beitrag Seite 66) gestaltet wurde, steht auf dem Firmengelände. Auf einer Gesamtfläche von 2400 Quadratmetern und über drei Ebenen hinweg wird die Geschichte von Margarete Steiff, des Unternehmens und der Teddybären erzählt. Über 3000 Stofftiere sind zu sehen. Das Museum bietet Entdeckungstouren in die Welt von Steiff. Außerdem wird gezeigt, wie die Tiere gefertigt werden.

Steiff Museum
Margarete-Steiff-Platz 1
89537 Giengen an der Brenz
Tel.: 0 73 22/131–5 00
E-Mail: museum@steiff.de
www.steiff.com

Öffnungszeiten: täglich 10–18 Uhr.
Am 24.12 und 31.12 bis 13 Uhr geöffnet. Geschlossen am 25./26. 12 sowie an Neujahr und Karfreitag
Eintritt: Erwachsene 10 €, Kinder von 6 bis 17 Jahren 6 €, Geburtstagskinder haben freien Eintritt.

Die Firma Stihl in Waiblingen

Scharfe Zähne

Der Sound ist satt. Kenner können daran sogar das Modell erkennen. Die schnittigen Motorsägen sind mittlerweile Kult: Sie sind nicht nur Werkzeug, sie sind auch Sportgerät. „Die Motorsäge ist wie ein Auto ein ungeheuer emotionales Produkt", beschreibt Nikolas Stihl das Verhältnis. Er vertritt heute in dritter Generation die Familieninteressen im Firmenverbund.

Die Motorsäge hat die Waldarbeit revolutioniert

Stihl ist der größte Hersteller für Kettensägen weltweit. Das Familienunternehmen mit Niederlassungen auf der ganzen Welt ist eng verbunden mit dem Stammsitz in Waiblingen. Dort ist auch der Schallmessraum, in dem der kernige Sound der Säge kreiert wird. Denn, so musste Stihl leidvoll erfahren, eine Säge muss laut und kräftig sein, nach schwerer Arbeit klingen und weit gehört werden. Der Versuch, vor Jahren mit einem leisen Gerät auf den Markt zu gehen, misslang. Es verkaufte sich schlecht. Die Säge scheint mit ihrem Nimbus von archaischer Kraft und Urgewalt vor allem bei Männern fast schon zärtliche Gefühle zu wecken: „Wenn man sie anwirft, wenn man die Motorsäge hört", beschreibt Jörg Bläsi die Faszination, „wenn man sie dann hochdreht, in die Volldrehzahl bringt und sie ins Holz eindringt, wenn die Späne fliegen, da brennt man mit." Als Werkstattleiter Servicebeurteilung setzt er Ver-

Firmeninfo

Stihl Holding AG & Co.KG

Stihl ist ein in über 160 Ländern tätiges schwäbisches Familienunternehmen mit Hauptsitz in Waiblingen. Stihl entwickelt, fertigt und vertreibt motorgetriebene Geräte für die Forst-, Land- und Bauwirtschaft.

Weltweit größter Hersteller von Kettensägen

Gründung : 1926 durch Andreas Stihl

Managementgeführter Familienbetrieb in 3. Generation

Mit Stihl Timbersports richtet die Firma eigene Wettkämpfe für verschiedene Disziplinen der Forstwirtschaft aus.

Mitarbeiter: weltweit 14 000, davon 3000 in Waiblingen

Umsatz: 2,98 Mrd. € (2014), davon 90% im Ausland

Timbersports-Wettkämpfe: die Säge als Sportgerät

Baumfällen früher – mühsame und gefährliche Handarbeit

besserungsvorschläge von Kunden und Händlern um und bringt eigene Ideen in die Entwicklung mit ein. Und in seiner Freizeit? Da baut er Sportsägen, leistungsstarke „Hotsaws" für Wettkämpfe – mit bis zu 65 PS und 130 Dezibel Lautstärke. Denn seit Stihl die „Timbersports" von Australien nach Europa gebracht hat, werden jährlich Weltmeisterschaften im Sportholzfällen ausgetragen. Da sägen dann starke Kerle dicke Baumstämme um die Wette. 2013 war ein Heimspiel. 100 Wettkämpfer und 10 000 Zuschauer füllten die große Schleyerhalle in Stuttgart und ließen sich von der Mischung aus Hochleistungstechnik und Trapper-Pioniergeist faszinieren. Dabei hat die Motorsäge die Waldarbeit revolutioniert und erleichtert.

Jörg Bläsi kennt das noch von seinem Vater, der Forstarbeiter war. Zu dessen Zeit kamen die Motorsägen auf, davor wurden die Bäume mühsam von Hand gefällt.

Firmengründer Andreas Stihl hatte in den 1920er-Jahren den richtigen Riecher. Der Sohn eines Schweizer Fuhrunternehmers und Landwirts, der nahe der Schweizer Grenze aufwächst, erlebt die schwere Arbeit im Wald und in den Sägewerken. Nach seinem Maschinenbaustudium verkauft er Dampfmaschinen an Sägewerksbesitzer. Die Baumstämme müssen

Zu den Sägen kommen später Trennschleifer hinzu

Die vier Stihl-Geschwister: Rüdiger, Gerhild, Eva und Hans Peter. In der Mitte Nikolas Stihl, der heute die Familieninteressen im Firmenverbund vertritt

damals von Hand geschlagen und zu stationär montierten Sägen gebracht werden. Dann kommen die ersten Motorsägen auf. Andreas Stihl handelt unter anderem damit, aber er hat auch das richtige Gespür für die Weiterentwicklung. 1929 wird die erste tragbare Benzin-Motorsäge fertiggestellt. Sie ist noch schwer und unhandlich – mit einem Gewicht von über 60 kg. Zwei Männer müssen sie bei der Erprobung im Schwarzwald bedienen. Aber Andreas Stihl weiß, dass er auf dem richtigen Weg ist. Im Herbst 1930 reist er nach Russland und kommt mit einem Auftrag über 300 Sägen zurück. Er erschließt weitere Märkte in den USA, Kanada, Skandinavien. Ab 1937 bietet er Motorsägenlehrgänge für Revierförster und Waldarbeiter an, aber der Absatz im Inland ist zögerlich. In Bayern wird bis in die 1960er-Jahre im Forst von Hand gesägt. Während des Zweiten Weltkrieges liefert Stihl Motorsägen für die Wehrmacht.

Auch in der Nachkriegszeit wird es immer wieder eng für die Firma. Wie sehr Andreas Stihl auch auf kleine Beträge achtet, zeigt einer seiner Anschläge am schwarzen Brett aus dem Frühjahr 1953, in dem er darum bittet, bei Telefon- und Portokosten zu sparen. „Ich habe wiederholt die Beobachtung gemacht, dass oft Briefe geschrieben werden, wo eine Postkarte genügt hätte", mahnt er. „Dadurch entstehen Portokosten, die wir uns nicht erlauben können und die künftig unbedingt vermieden werden müssen."

1500 Patente hält die Firma heute

Der Durchbruch kommt erst 1959 mit der „Contra“. Sie ist handlich und stark zugleich – ein Verkaufsschlager. Damit wird Stihl ab 1971 zur größten Motorsägenmarke weltweit. Das Unternehmen chartert damals extra ein Frachtflugzeug, um die Nachfrage in den USA und Kanada zu decken. Ab den 1970er-Jahren expandiert Stihl, gründet Produktionsstätten in Deutschland, Brasilien, USA und der Schweiz. Die Umsätze schnellen zweistellig in die Höhe.

Bereits früh schon beteiligt Andreas Stihl seine vier Kinder an der Firma.1959 steigt Tochter Eva in die Firma ein und übernimmt schließlich die Bereiche Finanzen, Verwaltung und Personal. Der älteste Sohn Hans Peter folgt ein Jahr später. Und da Raummangel herrscht, zieht er in das Büro seiner Schwester mit ein – eine Bürogemeinschaft, die auch die nächsten Jahrzehnte bestehen bleibt, als er längst zum mächtigen Stihl-Chef aufgestiegen ist. Und noch eine andere Eigentümlichkeit wirft ein Blitzlicht auf den Stihl-Geist. All die Jahre treffen sich die beiden Schwestern Eva und Gerhild sowie die beiden Brüder Rüdiger und Hans Peter mehrmals in der Woche zum gemeinsamen Mittagessen in der Betriebskantine. Und auch heute noch ist dort mitten unter der Belegschaft ein Tisch für die Stihl-Familie reserviert.

Hans Peter Stihl formt in zweiter Generation die Firma zum Weltunternehmen. Gleichzeitig mischt er sich aktiv in die Politik ein und vertritt als Vorsitzender von Südwestmetall in Tarifkonflikten die Wirtschaftsseite. Später wird er zum Präsidenten des DIHT, des Deutschen Industrie- und Handelstages, gewählt. Vor allem aber liegt ihm die Wirtschaftsregion Stuttgart am Herzen. Der leidenschaftliche Jäger und schnittige Motorradfahrer regiert sein schwäbisches Familienunternehmen durchaus patriarchalisch: „In jedem Weltunternehmen muss einer da sein, der die letzte Entscheidung trifft“, definierte er einmal seine Rolle.

Langlebigkeit gehört zur Firmenphilosophie. Im Idealfall soll so eine Säge ein ganzes Männerleben begleiten. Deshalb setzt Stihl auch auf den Fachhandel, der die Säge erklärt und 15 Jahre lang Ersatzteile liefert. Große Fertigungstiefe ist ein weiteres Credo. Die Hälfte der Teile, aus denen eine Säge besteht, stellt Stihl selbst her. In der deutschen Industrie ist das ein hoher Anteil. In einem PKW sind es im Schnitt nur 20 Prozent, bei anderen Produkten noch weniger.

2010 zieht sich Hans Peter Stihl aus dem Betrieb zurück. Sein Sohn Nikolas übernimmt als ältestes Mitglied der dritten Generation den Vorsitz im Aufsichtsrat und im Beirat. Dort sind die vier Stihl-Familienstämme vertreten, dort werden die strategischen Entscheidungen getroffen. Neben Sägen und Trennschleifern werden Heckenscheren und eine Vielfalt an Gartengeräten produziert: Kehrmaschinen, Laubbläser, Erntegeräte für die Landwirtschaft, Hochdruckreiniger und vieles mehr. 1500 Patente hält die Firma. Herzstück aber ist die Säge. An ihr feilt man auch im Entwicklungszentrum immer wieder. Dort wird gerade getestet, ob bei Sägen Carbon das Metall ersetzen kann oder ob Maisstärke als neuer Werkstoff einmal die Kunststoffhauben ablösen wird.

Und wie geht es weiter? „Ich werde die Internationalisierung noch weiter vorantreiben", stellt Nikolas Stihl seine Pläne vor. „Ich werde aber auch dafür sorgen, dass unser Standort Deutschland gesichert wird, sodass wir im besten Sinne ein globales Unternehmen mit schwäbischen Wurzeln bleiben." Denn eines ist ihm ganz wichtig: „Als Familienunternehmen kann man sich die Kultur leisten, seine Leute auch zu mögen. Und wir mögen unsere Leute. Wir arbeiten gerne mit ihnen zusammen und wir versuchen auch eine Firmenkultur zu schaffen, bei der die Leute auch gerne mit uns zusammenarbeiten und vielleicht auch ihr ganzes Berufsleben bei uns bleiben."

Sägen sind das Kerngeschäft. Daneben wird eine Vielzahl an Gartengeräten hergestellt

Karl Storz Medizintechnik in Tuttlingen

Der Blick ins Innere

Es ist wie ein Blick durchs Schlüsselloch – ins Innere des menschlichen Körpers – ohne größere Schnitte und Wunden. Dass das gelingt, ist noch gar nicht so lange her. Ermöglicht hat das vor allem ein Mann: Karl Storz. Mit einer Mischung aus unbändiger Neugier, gepaart mit technischem Wissen und handwerklichem Geschick erkundete er, wie ohne größere Verletzungen ins Körperinnere geblickt werden kann, und schrieb damit ein Kapitel Medizintechnik-Geschichte. Heute ist die Karl Storz GmbH&Co.KG in Tuttlingen weltweit führend in der Endoskopietechnik – mit rund 1500 Patenten und mehr als 15 000 verschiedenen Produkten vom Endoskop bis hin zum komplett vernetzten Operationssaal. Hinter den Apparaten, mit denen man durch kleinste Öffnungen ins Innere schauen kann, steckt eine ganz ausgefeilte Technik von erstaunlicher Bandbreite. Endoskopie-Geräte sind heute in fast allen medizinischen und technischen Bereichen im Einsatz.

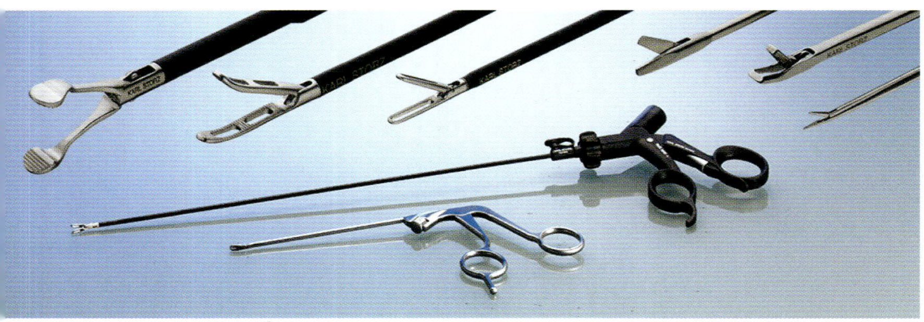

Je nach Anwendung: unterschiedliche feinmechanische Instrumente für die Endoskopie

Aber nicht nur neue Einblicke ermöglicht die Endoskopie, sie revolutionierte auch die Operationstechnik und lieferte die Grundlage für minimalinvasive Eingriffe: für die Schlüssel-loch-Chirurgie. Das OP-Team schaut zum Beispiel vielfach nicht mehr auf den Bauch, sondern auf Monitore und operiert über Videosysteme. Vor allem in der Hals-Nasen-Ohren-Heilkunde, in der Bauchraumchirurgie, in der Urologie und der Orthopädie hat die minimalinvasive Technik die großen

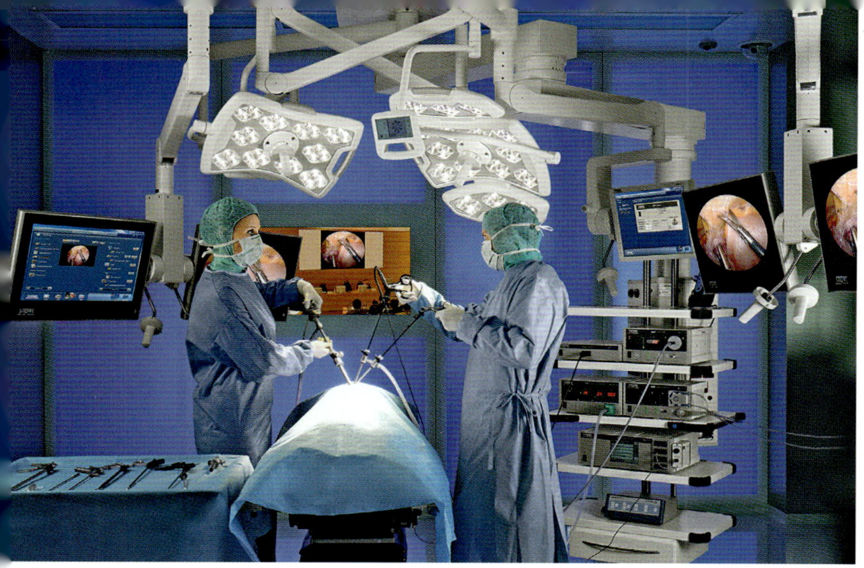

Schnitte abgelöst. Die Vorteile: geringere Belastung für den Patienten, kleinere Wunden, weniger Nähte, kürzere Liegezeiten, schnellere Genesung.

Ihren Ausgangspunkt hat die mittlerweile weltweit übliche Schlüssellochchirurgie in Tuttlingen. Sie ist eng verknüpft mit dem Medizintechniker Karl Storz. 1911, in dem Jahr, in dem er geboren wird, gründet sein Vater in Tuttlingen eine Firma zur Herstellung von medizinischen Instrumenten. Der Betrieb läuft, aber Karl Storz will mehr. Er geht nach Leipzig. Die medizinische Fakultät der dortigen Universität hat einen hervorragenden Ruf. Auch wenn er dort als Handwerker nicht studieren kann, will er doch von ihrer Nähe profitieren. Storz beginnt in dem alteingesessenen Sanitätshandelshaus Frenzel. Neben seiner Tagesarbeit interessieren ihn vor allem das Zusammenspiel von Medizin und Technik und der Blick in das Körperinnere. Der wissbegierige junge Handwerker geht regelmäßig in die Universitätsbibliothek, knüpft Kontakte zu Ärzten und lernt die Geräte des Endoskopie-Pioniers Josef Leiter kennen. Mit seiner kleinen Familie fühlt er sich wohl in Leipzig. 1937 wird Tochter Sybill geboren, über zehn Jahre später, dann bereits wieder in Tuttlingen, das zweite Kind Gudrun. Denn der Zweite Weltkrieg rüttelt alles durcheinander. In den letzten Kriegstagen, im März 1945, flieht er mit seiner Familie vor den anrückenden russischen Soldaten und kehrt zurück in seine Heimatstadt Tuttlingen. Dort gründet er mithilfe des Vaters ein eigenes Unternehmen, eine kleine Werkstatt in der Hermannstraße, mit zwei Mitarbeitern: er und seine Frau Emilie.

Karl Storz ist besessen von der Idee, Geräte zu bauen, mit denen Ärzte besser in den Patienten hineinblicken können. Er beginnt mit Instrumenten für die Hals-Nasen-Ohren-

Operieren mit Blick auf den Bildschirm: modernste Medizintechnik im Showroom in Tuttlingen

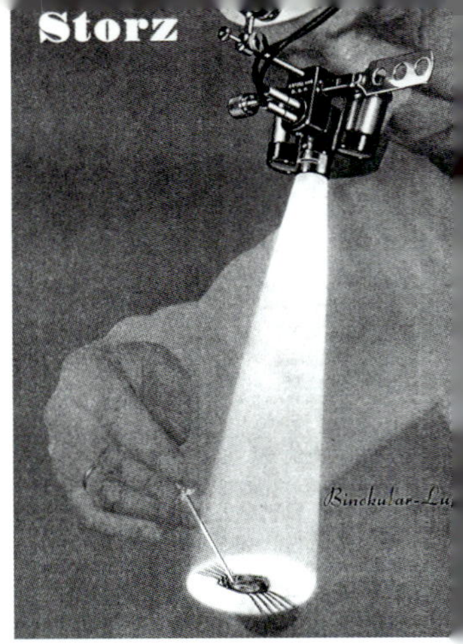

Rückblick in die Anfänge: das erste Firmengebäude in Tuttlingen (links), die Werkstatt (Mitte), eine Binokularlupe aus dem ersten Sortiment (rechts)

Heilkunde: eine Binokularlupe für Operationen bei Schwerhörigkeit, Stirnlampen für Ärzte und vieles andere mehr. Insgesamt 400 Patente meldet er im Laufe seines Lebens an. Der große Durchbruch aber kommt 1960. Er ersetzt die kleine Glühbirne, die bislang dürftig die Körperhöhlen beleuchtete, durch eine außerhalb des Patienten angesiedelte Lichtquelle. Das starke Licht wird über Glasfasern in den Körper geleitet. Das Licht ist so intensiv, dass man zum ersten Mal im Körperinnern fotografieren und filmen kann. Eine Revolution. Denn mit dieser starken Lichtquelle sind auch ganz neue Operationsmethoden möglich. 1970 entwickelt Karl Storz den Ultraschall-Lithotriptor, ein Gerät, das Gallen- und Harnsteine zertrümmert und damit die bis dahin komplikationsreichen Operationen überflüssig macht. 1987 wird die erste Gallenblase laparoskopisch entfernt – der Beginn der minimalinvasiven Medizin, die ohne Storz-Instrumente nicht denkbar gewesen wäre. Ein Erfolgsgeheimnis von Karl Storz ist sicherlich, dass er fächerübergreifend denkt und arbeitet und dies auch seinen Entwicklern auferlegt. In der Forschungsabteilung werden früh schon Elemente der Optik, Mechanik und Elektronik miteinander verbunden. Seit den 1990er-Jahren kommt die Informatik dazu. Zunehmend werden Paketlösungen angeboten wie komplette Operationseinheiten für minimalinvasive Eingriffe. Die Firma arbeitet dabei eng mit Ärzten und medizinischen Forschungsstellen zusammen, um die Instrumente für deren Bedarf zu entwickeln.

Firmengründer Karl Storz (1911–1996)

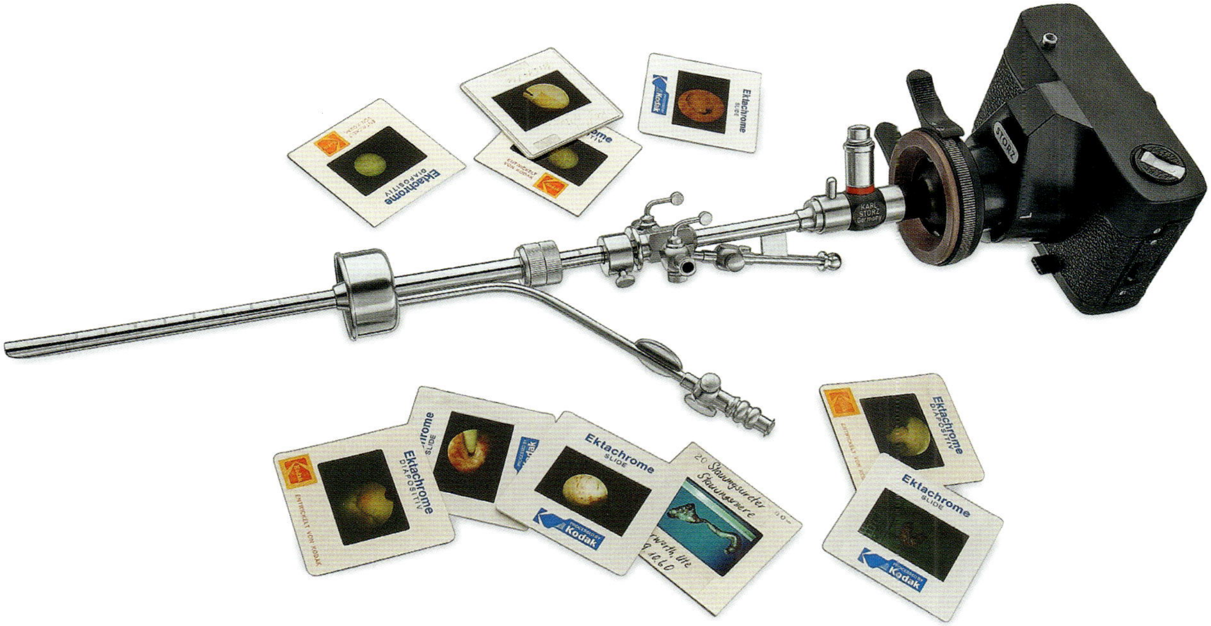

Die frühen Anfänge der endoskopischen Dokumentation – mit einer Storz-Kamera

Karl Storz lenkt bis zu seinem Tod 1996 die Geschäfte. Tochter Sybill übernimmt den Familienbetrieb, in dem sie schon früh mitarbeitete, wird die Chefin, mit 59 Jahren. Für den Vater mag es eine späte Genugtuung gewesen sein, dass er, dem ein Studium versagt blieb, später den Ehrendoktor der Medizin erhält. Und auch Tochter Sybill, hat mittlerweile – als Nichtmedizinerin – fünf Ehrendoktortitel. War der Vater vor allem Erfinder, ist sie Vollblut-Unternehmerin. Sybill Storz baut den Betrieb zum Weltmarktführer aus. 2005 und 2006 wird sie insgesamt dreimal zur Unternehmerin des Jahres und Unternehmerin Europas gewählt. Ihr Erfolgsrezept? „Wir stehen im Ruf, dass wir ein gutes Gespür für zukünftige Trends hätten", erklärt sie mit schwäbischem Understatement. Dazu kommt „eine Mischung von allem, günstige Zeit, gute Gelegenheit, gute Produkte, gute Mitarbeiter". Und vermutlich noch viel Fleiß und Innovationskraft. 2014 landet die Firma in einer Studie im Auftrag der Wirtschaftswoche unter 3000 Unternehmen auf Platz 1 als innovativstes mittelständisches Unternehmen Deutschlands.

Am Stammsitz in Tuttlingen sitzt nicht nur die Forschung, sondern auch ein Groß-

Firmeninfo

Karl Storz GmbH & Co. KG

Weltweit führend in der Endoskopie-Technik, Endoskope, Instrumente und Geräte für Chirurgen zum Operieren ohne große Schnitte, moderne OP-Säle

Über 1500 Patente, 15 000 medizintechnische Produkte

Stammsitz: Tuttlingen

Gründung: 1945 durch Karl Storz

Familienbetrieb in 2. und 3. Generation

Mitarbeiter: 7500 weltweit, davon 2000 in Tuttlingen

Umsatz: 1,283 Mrd. € (2014)

Sybill Storz baute den Betrieb zum Weltmarktführer aus. In der Lehrwerkstatt wird der Nachwuchs geschult

teil der Produktion. Die Firma Karl Storz ist damit in der kleinen Donaustadt Teil einer in Europa einzigartigen Konzentration von Unternehmen der Medizintechnik-Branche. Rund 400 Unternehmen gehören heute zu diesem Tuttlinger Medizintechnik-Cluster. Sie sind alle Konkurrenten und Nachbarn zugleich. Tuttlingen ist das Zentrum für Instrumente für Krankenhäuser und Chirurgen.

Diese Ballung hat Geschichte. Die arme Region hatte schon früh Messerschmiede angezogen. Um 1850 gab es in 150 Betrieben rund 450 Mitarbeiter. Der Quantensprung kam ein paar Jahre später. Der Messerschmied Gottfried Jetter hatte während seiner Wanderjahre in den europäischen Großstädten viel Neues gesehen. Nach seiner Rückkehr eröffnet er 1867 in Tuttlingen eine kleine Werkstatt für Chirurgiemechanik. Später wird daraus Aesculap. Gottfried Jetters Erfolg findet viele Nachahmer. In fast jedem Haus entsteht eine Kellerwerkstatt für chirurgische Instrumente. Neben den drei großen Unternehmen Aesculap, KLS Martin und Karl Storz sind heute noch über 400 kleine und mittlere Betriebe mit der Herstellung von medizinischen Instrumenten und Geräten befasst. Je diffiziler die Operationen werden, je mehr unterschiedliche medizinische Geräte und Instrumente braucht es. Über 200 kommen etwa bei einer größeren Gehirnoperation zum Einsatz.

Die Endoskope kommen nicht nur im human- und veterinärmedizinischen Bereich zum Einsatz. Industrie-Endoskope sind seit 1976 ein weiteres Standbein der Firma. Die Geräte können nicht nur menschliche Körper, sondern alles Mögliche, was von außen verborgen ist, sichtbar machen: das

Innere von Maschinen, Turbinen, Motoren oder Energieanlagen etwa, um sie zu warten, zu vermessen oder technische Befunde zu erstellen. Und weil die Storz-Geräte weltweit einen exzellenten Ruf haben, wurden sie auch in die Apollo-Raketen eingesetzt und Karl Storz bekam als Anerkennung zwei besondere Souvenirs: eine Schuppe vom Hitzeschild der amerikanischen Apollo 11-Rakete sowie einen Stein vom Mond.

Das Unternehmen ist bis heute familiengeführt. Inzwischen ist mit Sybills Sohn Karl-Christian Storz die dritte Generation im Betrieb. Er leitet die Bereiche Forschung und Entwicklung sowie die Produktion und wird einmal den Betrieb übernehmen. Die Ära der Kellerwerkstätten hingegen neigt sich dem Ende zu, aber die Medizintechnik wird Tuttlingen weiterhin prägen, mit einem Weltmarktanteil von rund 50 Prozent.

Tuttlingen ist führendes Zentrum für Medizintechnik

Der Messtechnikspezialist Testo in Lenzkirch

Maß für Maß

Was hat ein bengalischer Königstiger mit einem Präzisionsmessgerät aus dem Schwarzwald zu tun? Das Hightech-Gerät erspart der Raubkatze die Narkose. Trotzdem beäugt das mächtige Tier zunächst misstrauisch die handliche Wärmebildkamera des Tier-Osteopathen. Der steht vor dem Gehege und erklärt das Thermobild. Es zeigt, ob der Tiger geschwollene Gelenke oder eine Entzündung hat. Die Diagnose ist ohne Narkose und in sicherem Abstand möglich – ganz ohne Stress für Mensch und Tier. Ursprünglich hatte Mess-Spezialist Testo mit der Wärmebildkamera Handwerk und Industrie im Blick. Eher per Zufall entpuppen sich Tierärzte, Zoos und Gestüte als zusätzliche Zielgruppe. Das Modell „testo 880" hat die Untersuchung von Elefanten und anderen Zootieren revolutioniert und auch bei Pferden lassen sich damit mögliche Entzündungsherde lokalisieren, bevor das Tier lahmt.

Der Einsatz in der Tiermedizin ist nur ein kleiner Bereich. Testo ist Weltmarktführer für portable Messgeräte mit Sitz in

Mit der Wärmebildkamera kann Tierosteopath Danny Altmann den Tiger stressfrei untersuchen

Lenzkirch im Hochschwarzwald. Die Firma ist gewachsen mit dem zunehmenden Bedarf an Messwerten. „Die Klima- und Umweltmesstechnik ist ein wichtiger Geschäftsbereich für uns", bestätigt Firmenchef Burkart Knospe. „Das stärkere Umweltbewusstsein und die strengeren Richtlinien bei Gesundheit und Umwelt der letzten Jahre haben hierzu natürlich beigetragen." Denn überall, wo Ressourcen gespart werden sollen, da wird auch gemessen und geprüft.

Einer der Verkaufsschlager, der genau die Zeiterfordernisse trifft, ist die Wärmebildkamera. Sie bildet unterschiedliche Temperaturzonen ab. Damit lässt sie nicht nur kranke Tiergelenke erkennen, sie hilft vor allem bei der Energieberatung, indem sie Aufschluss gibt, wo an Wohnhäusern die Wärme entweicht. Das Messgerät, das Schornsteinfegern und Heizungstechnikern die Feinstaub-Konzentration anzeigt, ist der Umsatzbringer 2014, denn dort gelten seither strengere Grenzwerte.

Es beginnt 1957 mit einem elektrischen Fieberthermometer. Die ursprüngliche Abteilung des Medizintechnikunternehmens Atmos war größer als die Muttergesellschaft geworden und macht sich selbstständig, damals noch unter dem Namen Testoterm. 1970 tritt Gerd Knospe in die Firma ein. 1976 bringt Testo das erste digitale Sekunden-

Firmenchef Burkart Knospe übernimmt 1998 den Vorstandsvorsitz von seinem Vater

Thermometer auf den Markt. Immer differenziertere Messgeräte für die unterschiedlichsten Bereiche folgen. Gerd Knospe erschließt den internationalen Markt und gründet weltweit Niederlassungen und Tochtergesellschaften. 1998 übernimmt Burkart Knospe den Vorstandsvorsitz von seinem Vater. Die Familie Knospe prägt das Unternehmen mittlerweile in der zweiten Generation und hält 44 Prozent der Aktien.

Inzwischen messen die Geräte von Testo fast alles, was es nur zu messen gibt: nicht mehr nur die Temperatur, sondern auch

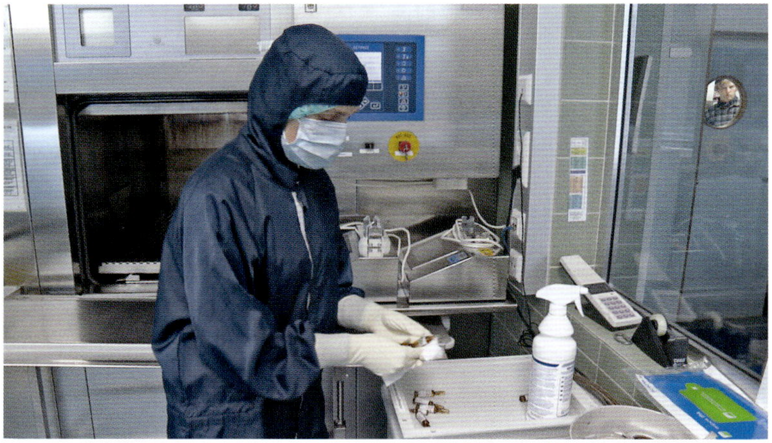

Es gibt kaum etwas, was nicht gemessen wird: Dämmlücken, Abgase, Frittieröl

Schall und Rauch, Druck und Drehzahl, Licht und Luft und vieles andere mehr. Je mehr Umweltauflagen und Grenzwerte eingeführt werden, desto mehr muss eben auch geprüft werden. Und das mit Messgeräten, die oft nicht viel größer sind als ein Telefonhörer, aber ausgestattet mit Digitaltechnik, Chips und Leiterplatten. Dazu kommen Sonden, Fühler oder auch Infrarottechnik. Indirekt hat jeder von uns immer mal wieder mit einem Testo-Messgerät zu tun: bei der Abgasprüfung der Heizanlage etwa, oder wenn die Feuchtigkeit der Wände oder das beste Raumklima in Büros und Flugzeugen ermittelt wird. Nicht zu vergessen der Lebensmittelbereich. Da wird alles erfasst, denn es geht um Qualität und Sicherheit. Ist die Kühlkette lückenlos, werden die Lebensmittel richtig gelagert, sind Temperatur und Luftfeuchtigkeit optimal, stimmen das Frittieröl in der Kantine und der pH-Wert des Fleisches? Für fast alles hat Testo ein Gerät parat.

Und auch in der Arzneimittelbranche sind präzise Daten die Basis. Empfindliche Medikamente etwa müssen bei gleichbleibender Temperatur und Luftfeuchtigkeit gelagert werden. Im Kühlraum, im Labor, im Reinraum ist Konstanz grundlegend. Bei klinischen Studien dürfen ebenfalls keine Schwankungen vorkommen. Sensoren müssen kontinuierlich und lückenlos aufzeichnen, Daten auswerten und einen Alarm auslösen, wenn Grenzwerte über- oder unterschritten werden.

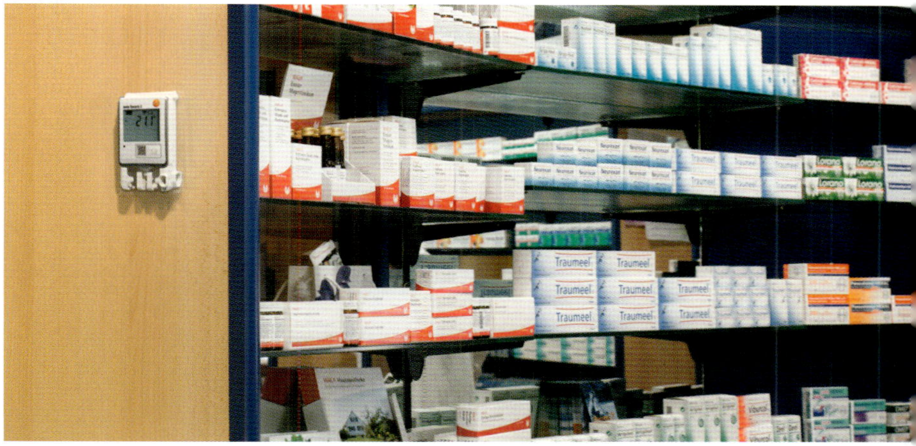

Sensoren schlagen bei den empfindlichen Medikamenten Alarm, wenn sich Temperatur und Feuchtigkeit verändern

Die letzten Jahre ist Testo enorm gewachsen. Das Erfolgsrezept? Ständige Neuerungen. Kaum ein Produkt bleibt im Schnitt länger als drei Jahre, so wie es ist. Rund ein Zehntel des jährlichen Umsatzes fließt in Forschung und Entwicklung. Zusätzlich hilft ein ausgeklügelter Ideenfindungs- und Qualifizierungsprozess, ist Burkart Knospe überzeugt. Nachdem er bei einer Tagung das Stage-Gate-System des kanadischen Innovationsexperten Cooper kennen lernt, führt er es 2007 in seinem eigenen Betrieb ein. Dabei kann grundsätzlich jeder Mitarbeiter seine Ideen einbringen. In einem Vier-Stufen-System wird der Vorschlag in objektivierbare Zahlen gegossen, mit anderen Vorhaben verglichen

Firmeninfo

Testo AG

Messgeräte und Mess-Systeme, Weltmarktführer für portable Messgeräte

Firmensitz: Lenzkirch

Nicht börsennotierte Aktiengesellschaft mit 30 Tochtergesellschaften weltweit

Firmengründung: 1957

Mitarbeiter: Weltweit 2500, davon 1350 an den drei Schwarzwaldstandorten Lenzkirch, Titisee, Kirchzarten

Umsatz: ca. 237 Mio. € (2014)

und auf seine Erfolgschancen hin überprüft. Zunächst stieß das neue Konzept auf Skepsis, dann aber spielte es sich ein und wurde schließlich immer mehr geschätzt. Entscheidend war dabei sicher auch, dass sich Burkart Knospe selbst den Spielregeln unterwarf und keinen Chef-Bonus für sich in Anspruch nahm. Kurz nachdem er das neue Verfahren eingeführt hatte, war er einer der Ersten, der mit seiner Idee am Auswahlverfahren scheiterte. Inzwischen interessieren sich auch andere Unternehmen im Land für die Methode. Sie hat für Burkart Knospe einen großen Vorteil: „Ideen werden besser durchdacht als früher und potenzielle Schwächen werden eher erkannt." Für Knospe herrscht nicht zuletzt dadurch „ein eigener Spirit" in der Firma mit enger Zusammenarbeit zwischen Geschäftsleitung und Mitarbeitern.

Das braucht er auch, will er in die abgelegene Schwarzwaldgegend Fachkräfte locken. Aber Knospe, der in Lenzkich aufgewachsen ist, ist mit der Region eng verbunden: Auch wenn Testo zwei Drittel seiner Geschäfte im Ausland macht, sieht er im Schwarzwald Produktionsvorteile. „Also ich denke, es gibt tatsächlich so etwas wie den Schwarzwälder Tüftler, der sich gerne in technische Probleme hineinvertieft", meint er, „der versucht, eine richtige Lösung zu finden, die auch Bestand haben kann. Das ist eine Tugend, die wir auch bei unseren Ingenieuren sehr schätzen." Um die Nähe zu Freiburg besser nutzen zu können, wurde der mit

Der Neubau in Titisee soll mit dem hellen Atrium auch Wohlfühlklima bieten

Ausgezeichnete Architektur: Der Bau ändert je nach Perspektive sein Gesicht

dem starken Wachstum notwendig gewordene Neubau 2012 im 15 Kilometer entfernten Titisee angesiedelt. Dort ist die Anbindung an die Bahnstrecke und an die B 31 besser für Pendler. Das architektonisch markante Gebäude des Freiburger Architekten Detlef Sacker pflügt wie ein Schiffsbug in die Landschaft hinein und wirkt doch immer wieder anders, je nachdem, aus welcher Perspektive man es betrachtet. Ein modernes Ausrufezeichen, das zum Schwarzwald passt und deshalb 2015 mit dem German Design Award ausgezeichnet wurde.

Einen Perspektivwechsel strebt Burkart Knospe auch für die weitere Entwicklung an. Das „Internet der Dinge" steht für die rasante Veränderung der Branche. Messdaten sollen sofort und überall verfügbar sein. Analog zur Fabrik 4.0 werden die Messgeräte und Sensoren untereinander vernetzt sein. Wurden bislang Messgeräte hergestellt, um Daten zu erheben, geht es künftig verstärkt auch darum, die Fülle der Messergebnisse zu verarbeiten und aufzubereiten. Die reine Datenerhebung wird zum komplexen Messdatenmanagement.

Nur, was den bengalischen Königstiger betrifft, zur Behandlung der entzündeten Gelenke, da müssen Tiger und Tierarzt doch wieder direkt miteinander klarkommen.

Weleda in Schwäbisch Gmünd

Alles Natur

Am Pflanzengarten – schon die Adresse ist Programm. Dort ist Europas größter Heilpflanzengarten auf biologisch-dynamischer Basis. Die Anlage oberhalb der alten Stauferstadt Schwäbisch Gmünd auf der Hochfläche der Schwäbischen Alb ist zugleich Schaufenster und Produktionsstätte der Firma Weleda, dem Marktführer für zertifizierte Naturkosmetik.

Die Ringelblume ist Bestandteil vieler Produkte

Den ganzen Sommer über gibt es Führungen, um den Besuchern zu zeigen, aus welchen Pflanzen die Cremes, Öle und Tinkturen bestehen, aber auch, um die Prinzipien, die dahinterstecken, zu vermitteln: nachhaltiges Wirtschaften und eine anthroposophische Weltsicht. Zum Einstieg gibt es an diesem heißen Augustmittwoch zur Erfrischung einen Sanddorn Ur-Saft, stark Vitamin-C-haltig und die Säure mit Apfelsaft und Wasser gemildert. Und dann geht es in das Reich der geschwungenen, kuscheligen Formen, der Naturmaterialien und der nachhaltigen Landwirtschaft – an Holzstaketen-Zäunen vorbei in die große Gartenanlage. Vier asiatische Laufenten mit ihren langen Hälsen wackeln tagsüber über das Gelände. Sie vertilgen einen Großteil der Schnecken, die die zarten Pflanzen bedrohen. Nur nachts

müssen sie in den Stall, damit sie ihrerseits nicht vom Fuchs gefressen werden.

Über 260 verschiedene Pflanzenarten wachsen hier. Davon werden rund 180 Heilpflanzen für die Produktion von Kosmetik und Arznei genutzt. Auch giftige sind darunter, mit einem roten Schild gekennzeichnet, wie der tiefblaue Eisenhut. Eine Blüte oder ein einziges Blatt kann Herzstillstand verursachen, erfährt die Gruppe von Michael Silber, einem der zwanzig Gartenführer. Aber bei minimaler Dosis ist es ein herzstärkendes Mittel. Daneben ist ein Beet mit der buschigen Eberraute, im Volksmund auch Coca Cola Pflanze genannt, weil der Geruch daran erinnern soll. Sie riecht eher herb, schmeckt bitter, ist verdauungsfördernd, weil sie die Galle anregt.

Das gelbe Johanniskraut gilt als Sonnenspeicher und hellt damit verdunkelte Seelen auf, erklärt Michael Silber weiter. Es soll bei leichten Depressionen Hilfe bringen. Um seine Wirkung zu verstärken, wird es bei Weleda mit Gold gedüngt, ja – mit echtem Gold, in homöopathischer Verdünnung. In alten Schriften wird dem gelben Metall eine lichtverstärkende Wirkung zugeschrieben. Im Labor wird deshalb dünnes Blattgold im Glaskolben erhitzt, und der Niederschlag mit einer feinen Nadel abgekratzt und dann der Erde beigesetzt.

Johanniskraut wird auch in größerem Stil auf den Heilpflanzenfeldern angebaut, die sich dem Schaugarten anschließen. 23 Hektar insgesamt, so groß wie 32 Fußballfelder. Einer der wichtigsten Rohstoffe für Weleda aber ist die Calendula, auch Ringelblume genannt, weil sich die Samen ringeln. Im Frühsommer werden die Blüten von Hand geerntet, das Kraut dann einige Zeit später maschinell. Die gelb-orangen Blüten enthalten Stoffe, die entzündungshemmend sind

Der Pflanzengarten oberhalb von Schwäbisch Gmünd

Pflanzenvielfalt im Schaugarten: Ringelblume, Johanniskraut, Borretsch, Rose, Wegwarte

Mist in Kuhhörnern als Dünger – Michael Straub, Leiter des Heilpflanzengartens, demonstriert es

und deshalb die Wundheilung befördern und gereizte Haut beruhigen. Deshalb findet sich der Extrakt auch in vielen Cremes.

„Bei uns ist wirklich Natur in der Tube und nicht nur auf der Verpackung", betont Michel Straub, Leiter des Heilpflanzengartens. Der studierte Agrarwissenschaftler ist von der biologisch-dynamischen Landwirtschaft überzeugt: keine Pestizide, keine Insektizide, kein künstlicher Dünger, die Beachtung der Naturrhythmen. Und er scheut sich auch nicht, das, was für Nicht-Anthroposophen schwer nachvollziehbar ist, selbst zu demonstrieren. Das Einfüllen von Mist in Kuhhörner, die dann in den Boden vergraben werden. Später wird der Dung dann in wechselnder Drehrichtung mit Wasser verrührt. So soll das Gemisch die Bodenqualität verbessern und das Wachstum der Pflanzen fördern.

Brennnesseln, sonst als Unkraut verpönt, nutzt Weleda dreifach: als Heilpflanze im Gel bei leichten Sonnenbränden, als Brühe gegen Blattläuse und als Brennnesseljauche düngt und kräftigt sie die Pflanzen. Neben den Laufenten sind noch andere tierische Helfer im Einsatz: Marienkäfer und Ohrenzwicker jagen Schädlinge, Bienen und Schmetterlinge bestäuben die Blüten.

Man mag zur Anthroposophie stehen wie man will, aber mit der Hinwendung zur Natur war Weleda schon vor Jahrzehnten der Zeit voraus. 1921 wurde der Betrieb von dem Anthroposophen Rudolf Steiner und der niederländischen Ärztin Ita Wegmann gegründet, um anthroposophische Arzneimittel und Naturkosmetik herzustellen. Beim Namen ließ sich Steiner von der germanischen Heilerin und Seherin Veleda inspirieren, die ihn faszinierte. Schwäbisch Gmünd bot sich als guter Standort an, in der Nähe zu Stuttgart gelegen, wo viele Pioniere der Homöopathie und Anthroposophie lebten. Baden-Württemberg wurde so zu einem Zentrum der Naturkosmetik.

Ein weiter Weg, bis der Ringelblume die Wirkstoffe entlockt sind

Heute ist Weleda ein veritabler mittelständischer Betrieb mit weltweit 2300 Mitarbeitern. Mehr als 1300 verschiedene Produkte hat Weleda im Angebot: Arzneimittel und Naturkosmetik. Die Firmenzentrale ist im schweizerischen Arlesheim bei Basel dicht hinter der Grenze. Im benachbarten Elsass werden Arzneimittel und Kosmetik produziert, ebenso in Schwäbisch Gmünd, dem größten Standort. Dort ist Weleda mit rund 1000 Beschäftigten ein wichtiger Arbeitgeber. Die Naturkosmetik macht rund 70 Prozent des Umsatzes aus.

Insgesamt steckt viel Handarbeit bei der Pflege und Ernte der Pflanzen in jeder Tube oder Flasche. Sorgsam wird bei der Verarbeitung auf Reinheit der Produkte und Sauberkeit geachtet. Erzeuger im Ausland, wie etwa für Lavendel in Südfrankreich oder Rosenblüten in der Türkei, müssen sich verpflichten, streng nach ökologischen Prinzipien zu arbeiten.

Die Reinheit der Grundstoffe wird sorgfältig geprüft

Die Wirkstoffe der Ringelblume sind im Calendula-Öl enthalten

Nach der Ernte werden die Pflanzen zerkleinert und mit Wasser oder Alkohol angesetzt. Daraus wird, nachdem nach einigen Tagen Pflanzenreste und Flüssigkeit voneinander getrennt sind, die Tinktur gewonnen, etwa mit den reinen Wirkstoffen der Calendula. Besonders kostbar sind ätherische Öle, die vor allem für den Duft verwandt werden. Ihre Gewinnung ist aufwändig, weil für wenige Liter riesige Pflanzenmengen notwendig sind.

Firmenchef Ralph Heinisch, der zweimal die Woche vom Schweizer Stammsitz nach Schwäbisch Gmünd kommt, zeigt die Schatzkammer. Auf den ersten Blick scheint sie wenig spektakulär, aber sie birgt Kostbares. Die ätherischen Öle haben teilweise den Wert von Gold, erklärt Ralph Heinisch. „Und die Rezepturen für unsere Düfte gehören zu den bestgehüteten Geheimnissen des Unternehmens."

Ralph Heinisch wurde als Sanierer von außen geholt, als die Firma hoch verschuldet war. Er hatte weder den „Stallgeruch" des Walddorfschülers, noch bis 2006 irgendwelche Kontakte zur Anthroposophie gehabt. Aber mit der Firmengrundlage, der Wertschätzung der Natur, konnte er viel anfangen. Zusammen mit den Mitarbeitern machte er sich auf den Weg. Stellenstreichungen in größerem Umfang kamen für ihn nicht in Frage. Dafür wurde mehr Geld in Forschung und Entwicklung gesteckt, wurden neue Produkte auf den Markt gebracht und neben den wichtigsten Märkten

In großen Behältern werden die zerkleinerten Pflanzen angesetzt

Die Seele der Pflanzen: verschiedene ätherische Öle

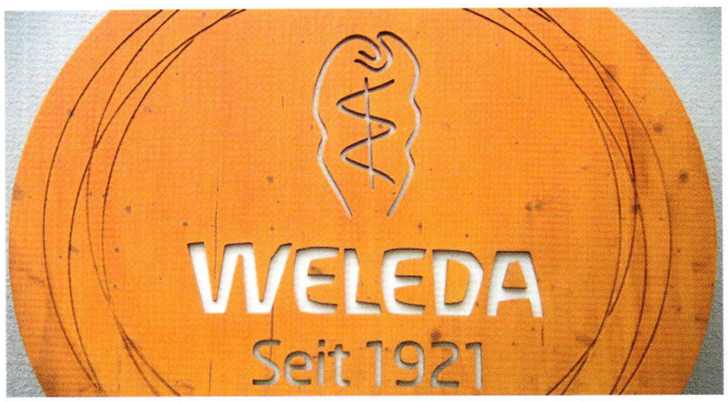

Das Weleda-Signet zeigt den Aesculap-Stab

Firmeninfo

Weleda AG

1300 verschiedene Produkte: anthroposophische Arzneimittel und Naturkosmetik

Firmensitz: Hauptsitz in Arlesheim/Schweiz, größte Niederlassung in Schwäbisch Gmünd/Deutschland und weitere 19 Mehrheitsbeteiligungen weltweit

Firmengründung: 1921

Mitarbeiter: 2300 weltweit, davon rund 1000 in Schwäbisch Gmünd

Umsatz: 364,3 Mio. Euro (2014)

Jährlich werden rund 2850 Tonnen pflanzliche Rohstoffe verarbeitet.

Deutschland und der Schweiz die Auslandmärkte in Russland und Südamerika ausgebaut. Heute macht das Unternehmen wieder Gewinn. Nur die anthroposophischen Arzneimittel stecken noch in den roten Zahlen. Aber da sie ein Stück Firmenidentität sind, stehen sie nicht zur Debatte. „Profit ist für uns wichtig", formuliert es Firmenchef Ralph Heinisch, „aber Rendite steht nicht im Vordergrund, sondern auch die Förderung sinnvoller Projekte". Und die Versorgung mit anthroposophischen Medikamenten ist Weleda Verpflichtung.

Ein anderer Firmengrundsatz lautet, dass nur wer sich wohl fühlt, auch gute Arbeit leistet. Deshalb gibt es einen eigenen Kindergarten, individuelle Arbeitszeitmodelle oder das Generationennetzwerk. Das sind Weleda-Rentner, die einspringen, wenn Mitarbeiter kurzfristig zu Hause gebraucht werden, weil alte Eltern gepflegt oder kranke Kinder betreut werden müssen. Und auch im Heilpflanzengarten gibt es ein sichtbares Zeichen, dass Mitarbeiter nicht nur als Arbeitskräfte, sondern mit ihrem ganzen Umfeld gesehen werden. Am Eingang wächst seit sechs Jahren stetig ein Birkenwäldchen. Seither ist es Tradition, dass für jeden Mitarbeiternachwuchs ein Bäumchen gepflanzt wird. 120 Birken stehen mittlerweile für 120 Kinder und jedes Jahr kommen rund 20 dazu.

Tipp

Weleda Erlebniszentrum

Weleda betreibt oberhalb von Schwäbisch Gmünd Europas größten biologisch-dynamisch bewirtschafteten Heilpflanzengarten mit über 260 Pflanzenarten. Das vielfältige Areal erstreckt sich auf 23 Hektar mit Feldern, Beeten, Gewächshäusern, Insektenhotel und biologischer Kläranlage. Im Erlebniszentrum schließen sich ein Café und ein Shop an – geöffnet zu Veranstaltungen und Seminaren. Vom Frühjahr bis zum Herbst gibt es an Mittwochs- und Samstagsterminen Führungen durch den Heilpflanzengarten. Teilnahme mit Voranmeldung.

Weleda Erlebniszentrum
Am Pflanzgarten 1
(für Navi: Kolomanstraße eingeben)
73527 Schwäbisch Gmünd
Tel.: 07171/9198011
E-Mail: führungen@weleda.de
www.weleda.de/unsere-welt/erlebniszentrum

Die ZF Friedrichshafen am Bodensee

Antrieb für die Welt

Es begann mit einem Mythos: dem Zeppelin und dem Traum vom Fliegen. Und durch ein Unglück wurde indirekt der Grundstein zum Erfolg gelegt. Der Absturz eines Zeppelins bewirkte so viele Spenden, dass die Zahnradfabrik Friedrichshafen gegründet werden konnte.

Der Absturz des Zeppelins legte den Grundstock für die Neugründung des Unternehmens

Heute stecken die Produkte in fast allem, was fährt, fliegt oder schwimmt. ZF-Erzeugnisse finden sich überall dort, wo Menschen und Güter bewegt werden. Der Technologiegigant mit Stammsitz am Bodensee fertigt Getriebe, Antriebs- und Fahrwerkskomponenten, Fahrerassistenztechnologien sowie komplette Achs-, Brems- und Lenksysteme. Und nach dem Kauf des US-Unternehmens „TRW Automotive" gehört ZF weltweit zu den drei größten Automobilzulieferern nach Bosch und Conti.

Herzstück in Friedrichshafen ist die Forschungsabteilung mit rund 1000 Mitarbei-

Einparken ohne Fahrer: Die Befehle kommen vom Armband am Handgelenk oder übers Tablet

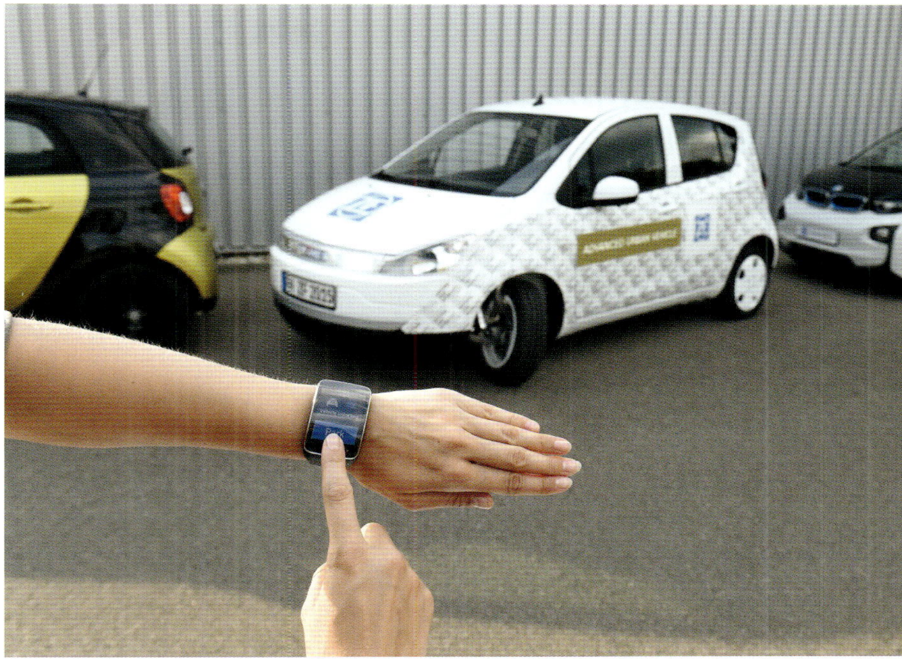

tern, dem größten der insgesamt acht Entwicklungsstandorte auf der ganzen Welt. Dort wird an den Techniken gearbeitet, die in fünf oder zehn Jahren das Fahren sparsamer, komfortabler und sicherer machen sollen. „Wir stehen vor den größten Veränderungen in der Automobilindustrie", blickt Chefentwickler Hans Jörg Domian in die Zukunft „ und dazu die entsprechenden Produkte zu entwickeln, das ist das, was mich anspornt". Der begeisterte Autofahrer ist schon bei der Hinfahrt in den Betrieb mit dem Kopf bei der Arbeit: „Wir müssen schauen, dass wir Getriebe entwickeln, die so wenig Kraftstoff verbrauchen wie irgend möglich." Und dann demonstriert er das Automatikgetriebe in seinem eigenen Auto: „Die Leistung steht sofort zur Verfügung. Drückt einen in den Sitz und beschleunigt. Das schafft kein Handschalter", ist er stolz.

2015 steht in der Entwicklungswerkstatt der „Innovationsträger 15" im Blickfeld, ein „advanced urban vehicle", ein Cityflitzer, der mit Elektroantrieb null Emission verursacht, in der kleinsten Parklücke Platz findet und dem Fahrer das Einparken ganz abnimmt. Wie man darauf kommt, so ein Auto zu entwickeln? „Wir haben hier im Bodenseeraum noch viel Platz im Vergleich zu Mega-Cities. Dort geht es sehr eng zu und dort brauchen wir kleine Wendekreise, um jede Parklücke

Firmeninfo

ZF Friedrichshafen AG

Hersteller von Getrieben, Antriebs- und Fahrwerkkomponenten, Fahrassistenztechnologien sowie kompletten Achs-, Brems- und Lenksystemen

Stammsitz: Friedrichshafen

Stiftungskonzern mit der Stadt Friedrichshafen als Mehrheitseigner

Gründung: 1915 als Zahnradfabrik Friedrichshafen GmbH

Mitarbeiter: 134 000 (mit TRW, ZF alleine: 71 400), davon in Friedrichshafen 8500

Niederlassungen: 230 Standorte in rund 40 Ländern

Umsatz: mit TRW 30 Mrd. €, ZF allein 18,4 Mrd. € (2014)

Herzstück jedes Motors: das Getriebe

nutzen zu können", erklärt Hans Jörg Domian. Gut einhundert Spezialisten der unterschiedlichsten Fachrichtungen sind an dem Projekt beteiligt. Gesucht wird noch eine extrem bewegliche Achskonstruktion, damit „IT 15" in die engen Parklücken kommt.

Auf der werkseigenen Teststrecke in Friedrichshafen wird derweil der „Innovation Truck" präsentiert, 2014 entwickelt. Der LKW von 25 Metern Länge lässt sich bei niedrigem Tempo ganz einfach per Tablet PC von außen fernsteuern und rein elektronisch rangieren. Grundidee ist, dass der LKW-Fahrer nach langer Fahrt dem Logistikmitarbeiter vor der Rampe das Tablet gibt. Der rangiert dann über den PC den LKW und der Fahrer kann schon mal seine Ruhezeit beginnen.

Sieht große Veränderungen in der Automobilindustrie: Chefentwickler Hans-Jörg Domian

Doch von Forschung alleine kann man nicht leben. Kerngeschäft in Friedrichshafen ist die Produktion von Getrieben für LKW und Busse. 180 000 Getriebe für Nutzfahrzeuge stellt ZF in Friedrichshafen jährlich her. Viele Mitarbeiter sind schon in der dritten Generation hier. Oft arbeitete bereits der Großvater bei ZF, damals, als sie noch Zahnradfabrik hieß.

Mit den Luftschiffen des Grafen Zeppelin beginnt die Technologieschmiede am Bodensee. Doch bald schon zerstört über Echterdingen ein Unwetter das Luftschiff des Grafen und damit seine Pläne und auch nationale Hoffnungen. Der Zeppelin versinnbildlicht für viele den Traum vom Fliegen und die Sehnsucht nach der großen weiten Welt. Alle wollen, dass es weitergeht. In ganz Deutschland wird gespendet. Sechs Millionen Reichsmarkt kommen zusammen – damals eine unglaubliche Summe. Das Geld ermöglicht 1915 die Gründung der Zahnradfabrik Friedrichshafen. Graf Zeppelin kann weiter nach einer besseren Antriebstechnik für seine Luftschiffe forschen, zumal er auf den Schweizer Ingenieur Max Maag gestoßen war, der Zahnräder von großer Präzision herstellen kann. Dieses Know-how, Zahnräder von höchster Genauigkeit und Zuverlässigkeit massenhaft herzustellen, revolutioniert den Getriebebau – und damit die Welt der Mobilität. „Der Luftschiffbau war in seiner Zeit ein Innovationsmotor erster Ordnung, vielleicht vergleichbar mit der Raumfahrt in den 1960er- und 70er-Jahren“, so die Einschätzung von Jürgen Bleibler, Leiter des

Jedes Teil kommt auf den Prüfstand

Zeppelin Museums in Friedrichshafen. Die ZF entwickelt in den Anfangsjahren Zahnräder und Getriebe für Luftfahrzeuge, Motorwagen, Motorboote und zunehmend für die junge Automobilindustrie. Lenkungen für Automobile und Nutzfahrzeuge, Antriebseinheiten für Ackerschlepper und Schiffe kommen hinzu. Die Umsätze steigen.

Dann – der Zweite Weltkrieg: Der Betrieb wird zum Rüstungsproduzenten. „Es ist völlig klar, dass das hohe technologische Niveau hier in die Kriegsvorbereitungen und technische Aufrüstung der Nationalsozialisten einfloss", ist sich Jürgen Bleibler sicher. Ohne die Getriebe aus Friedrichshafen wäre kein deutscher Panzer gerollt. Mehr als 2800 Zwangsarbeiter und KZ-Häftlinge mussten an den drei deutschen Standorten der ZF arbeiten. Als Rüstungsstandort ist Friedrichshafen mehrfach Ziel der alliierten Luftangriffe. Bei Kriegsende liegen zwei Drittel der Stadt in Trümmern, und das Stammwerk der ZF ist zu 80 Prozent zerstört. Um der drohenden Enteignung durch die französische Besatzungsmacht zu entgehen, werden fast 90 Prozent der Aktien an die Stadt Friedrichshafen übertragen. Die Stadt verwaltet damit die überwältigende Mehrheit der Zeppelin-Stiftung, der die ZF nach wie vor gehört. Eine Stadt, die über eine Stiftung einen Weltkonzern besitzt – eine einzigartige Konstruktion. Sie macht Friedrichshafen zu einer wohlhabenden Kommune, die sich viele soziale und kulturelle Dinge leisten kann.

Die Stadt und die ganze Region sind in vielerlei Hinsicht mit der ZF verbunden und von ihr geprägt. Allein 8500 Arbeitsplätze bietet das Stammwerk in Friedrichshafen.

Impulsgeber für die Region: das Werk in Friedrichshafen

Hat die Firma mit strategischen Zukäufen verdoppelt: Vorstandsvorsitzender Stefan Sommer

Dazu kommen Zulieferer, Dienstleister, das örtliche Gewerbe. Allein die Reiseabteilung von ZF buchte 2014 rund 20 000 Übernachtungen für Kunden, Mitarbeiter und Gäste in der Region.

Nach dem Kriegsende steigt die ZF wieder auf die zivile Produktion um. Sie stellt zunächst Getriebe für Ackerschlepper und andere Nutzfahrzeuge her. 1965 beginnt die Serienfertigung des ersten Stufenautomatikgetriebes für PKW. 50 Jahre später ist die ZF darin Technologieführer. In Brasilien entsteht 1958 der erste Standort außerhalb Europas – der Einstieg in den Weltmarkt. Heute ist die ZF an 230 Standorten in rund 40 Ländern vertreten, ein internationaler Konzern. Knapp die Hälfte des Umsatzes wird 2014 außerhalb Westeuropas erwirtschaftet. Mit strategischen Übernahmen erweitert die ZF ständig ihr Know-how und die Angebotspalette.

Im Jahr des einhundertsten Geburtstag kauft die ZF im Mai 2015 den nahezu gleich großen US-Konkurrenten „TRW Automotive" und verdoppelt damit alles: Mitarbeiter, Umsatz, internationale Vertretungen. Die TRW kann genau das, was dem Konzern bislang gefehlt hat, um das selbstfahrende Auto zu bauen. „Das ist auch die Motivation zur Akquisition von TRW", erklärt Vorstandsvorsitzender Stefan Sommer, der den Coup eingefädelt hat: „Sie bringt uns in der Fahrzeugsicherheit und beim automatisierten Fahren nach vorne, und hier wollen wir auch technologisch und innovativ die nächsten hundert Jahre führend sein."

Und was macht „Innovationsträger 15"? Mit seinem engen Wendekreis kann er fast Pirouetten drehen. Auf der Teststrecke stehen die Ingenieure und beobachten, wie es mit dem Einparken ohne Fahrer klappt. Die Befehle kommen von der Smartwatch am Handgelenk. Die Elektronik soll selbstständig die freie Lücke erkennen und einparken. Zwölf Ultraschall- und zwei Infrarotsensoren an Front-, Heck- und Längsseiten liefern die Informationen. Und dann Aufatmen bei den Ingenieuren – nach nur wenigen Monaten Entwicklungsarbeit: „IT 15" hat sich in die enge Parklücke gezwängt – ohne Beulen und ohne Fahrer.

Tipp

Zeppelinmuseum

Zum Jubiläumsjahr 2015 wurde das Zeppelinmuseum neu gestaltet. Auf 4000 m² Ausstellungsfläche gibt es mit rund 1500 Exponaten einen Überblick über die Geschichte und Technik der Luftschifffahrt in Friedrichshafen. Neben historischen Aufnahmen der Zeppeline vermitteln begehbare Passagierräume der Hindenburg in originalgetreuem Nachbau das Reisegefühl damaliger Zeit. Eine bedeutende Kunstsammlung, u. a. mit Werken von Otto Dix und Max Ackermann, setzt Kunst und Technik in Wechselbeziehung. Das Museum ist im ehemaligen Hafenbahnhof direkt am Bodensee untergebracht.

Zeppelinmuseum
Seestraße 22, 88045 Friedrichshafen
Tel.: 07541/3801–0
E-Mail: info@zeppelin-museum.de
www.zeppelin-museum.de

Öffnungszeiten: Mai bis Oktober täglich 9–17 Uhr; November bis April außer montags 10–17 Uhr.
Eintritt: Kinder 6–16 Jahre: 3 €, Erwachsene: 8 €, Rentner: 7 €, ermäßigte Karten: 4 €

Die Autorin

Felicitas Wehnert
Jahrgang 1953, hat nach dem Studium von Politikwissenschaften, Empirischen Kulturwissenschaften und Germanistik in Tübingen als Zeitungs-, Hörfunk- und Fernsehautorin sowie als langjährige Leiterin der SWR Fernsehredaktion Landeskultur und Feature das Land Baden-Württemberg mit all seinen Regionen und Facetten kennengelernt. Mit der SWR Filmreihe „made in Südwest" und – nun in der Altersteilzeit – den Begleitbänden dazu kehrt sie zu ihren Wurzeln zurück. Als Pressechefin der Universität Tübingen in den 1980er-Jahren lagen ihr die Vermittlung neuester Forschungsergebnisse und der Wissenstransfer in die Praxis am Herzen. Heute fasziniert sie, woran in den Forschungsabteilungen der Unternehmen und Institute im Land gearbeitet wird und wie aus kleinen Betrieben große Weltfirmen werden und vor allem, welche Geschichten sich dahinter verbergen und erzählen lassen.